PARIS EN PROVINCE

ET

LA PROVINCE A PARIS.

DE L'IMPRIMERIE DE A. BARBIER,
RUE DES MARAIS S. G. N° 17.

PARIS EN PROVINCE

ET

LA PROVINCE A PARIS,

PAR Mme G^{tte} DUCREST,

AUTEUR DES MÉMOIRES

SUR L'IMPÉRATRICE JOSÉPHINE;

SUIVI

DU CHATEAU DE COPPET EN 1807,

NOUVELLE HISTORIQUE,

OUVRAGE POSTHUME DE

Mme LA COMTESSE DE GENLIS.

Deuxième Édition.

TOME TROISIÈME.

PARIS.

CHEZ LADVOCAT, LIBRAIRE

DE S. A. R. M. LE DUC D'ORLÉANS.

QUAI VOLTAIRE, N. 25

M. DCCC. XXXI.

PARIS EN PROVINCE
ET
LA PROVINCE A PARIS.

LETTRE LIII.

MADAME ZOÉ DURAND A Mlle DORCY.

Mariage de Zoé. — Le bon curé. — Singulière corbeille de noce. — Beau présent envoyé de Paris. — Amour-propre d'une vieille cuisinière. — Jalousie provinciale.

C'est hier, ma chère Alicie, que j'ai fait avec plaisir, le serment d'aimer toujours l'homme généreux qui s'est engagé à faire mon bonheur, et qui, malgré mon apparente légèreté, n'a pas craint de me confier le sien. Il a deviné mon cœur; je saurai justifier cette confiance qui m'est si précieuse, puisqu'elle assure la tranquillité de ma bonne mère. Que n'étiez-vous avec nous, mon amie? vous eussiez joui de voir cette excellente femme, devenue aussi gaie qu'elle était triste autrefois, et vous m'auriez aidée à témoigner ce que je n'osais encore dire à Charles, et ce que je désirais si vivement qu'il sût.

Un petit nombre d'amis assistaient à la bénédiction nuptiale, célébrée dans notre église, avec la plus grande simplicité par notre respectable curé. Vous savez combien sa tolérance, sa piété dénuée de toute affectation et sa bienfaisance éclairée, donnent de poids à ses conseils; ils ne ressemblent en rien aux exhortations véhémentes de quelques jeunes prêtres; ceux-ci s'exagèrent leurs devoirs, et les outrepassent par un excès de zèle qui sert mal une religion, qui commande l'amour et la douceur. Je fus pénétrée de l'onction des paroles de notre pasteur, digne d'engager aux vertus, dont toute sa vie est un exemple; point de prétention dans son éloquence. Il a consulté son âme, et son discours a causé un attendrissement général. Ma mère prétend que plusieurs indifférens attirés par la curiosité, et qui rarement entrent dans une église, ou y affichent la plus inconvenante gaieté, se sont retirés pensifs et touchés de ce qu'ils venaient d'entendre. Puissent-ils reconnaître enfin tout le bonheur de croire aux sublimes vérités qui font notre consolation, et ne plus attrister les autres du spectacle de leur révoltante impiété !

Après la cérémonie, nous sommes rentrés dans notre modeste habitation, embellie par les soins de votre Marguerite et de notre vieille bonne; elles avaient cueilli toutes les fleurs du jardin, pour orner les cheminées et la table qui devait réunir seulement douze personnes. De ce nombre étaient nos témoins, le notaire, M. Des.., si dévoué aux gens qu'il aime, et si persécuté ici par son collègue. Il n'a pas cessé de nous donner des témoignages d'un attachement sincère; sa femme, modèle des vertus qui vont m'être commandées ; deux cousins de mon mari et le vieux docteur rajeuni par notre joie, voilà nos convives.

Il n'y a point eu à ce dîner de couplets *de circonstance* aussi ridicules que de mauvais goût, ni de plaisanteries déplacées; mais une conversation animée par l'amabilité de mon beau-père, les connaissances de son fils et les anecdotes bien contées par ma mère, nous ont fait arriver, sans nous en apercevoir, au moment du dessert : il a été l'occasion d'une nouvelle attention de Charles pour moi.

Pour comprendre tout ce qu'elle a d'aimable, il faut que vous sachiez que j'avais refusé les présens d'usage, et que, malgré les instances de MM. Durand, j'avais positivement déclaré ne vouloir pas de *corbeille;* n'ayant pas besoin de bijoux pour leur plaire et vivre dans une petite ville, j'avais ajouté que je préférais que l'argent destiné à ces superfluités fût employé à soulager quelques malheureux.

A la fin du dîner, je vis entrer cinq petites filles habillées à neuf, portant un immense panier couvert; je les reconnus pour les enfans d'Adélaïde et de Rosalie. « Hier encore, me dit
« en riant Charles, j'avais la soumission d'un
« amant, aujourd'hui nous devons changer de
« rôles, c'est à vous d'obéir et à moi de com-
« mander en maître; ainsi, ma chère Zoé, je
« vous ordonne d'accepter votre corbeille de
« mariée; elle vous plaira, j'en suis sûr. Pour
« vous la faire recevoir avec plus de plaisir, j'ai

« imaginé de vous la faire offrir par les protégées
« de votre meilleure amie. Occupée elle-même
« des préparatifs d'un événement comme celui
« qui me rend heureux, elle n'a pu être des
« nôtres, mais elle apprendra du moins, que nous
« avons su autant que possible, suppléer à son
« absence, en nous entourant des heureux
« qu'elle a faits. Allons, chère Zoé, pardonnez-
« moi, et visitez ce que contient la corbeille. Je
« suis certain d'avoir connu votre goût. » Tout
le monde se joignit à Charles pour me presser
d'ouvrir cette fameuse corbeille. Il fallut céder;
jugez de mon attendrissement en trouvant six
layettes complètes pour de pauvres enfans, et
une quantité de pièces de calicot, de flanelle et
de cotonnade pour habiller leurs mères*. Dans le
fond de la corbeille était un petit écrin contenant deux bracelets très-simples, mais sans prix
à mes yeux; les portraits de mon mari et de ma
mère, parfaitement ressemblans, en forment
les plaques. Ils ont été peints par un parent

* J'ai connu une jeune personne qui fut jugée digne
de recevoir ce singulier et touchant présent de noce.
Elle avait refusé tous les autres.

de Charles qui a un très-beau talent, et qui était depuis quelque temps avec nous.

Vous concevez, chère Alicie, combien ces présens ont dû me plaire, et avec quelle douce émotion ils ont été reçus. Pressée d'en témoigner ma reconnaissance, j'ai prié ma mère de venir avec moi distribuer une partie de ce que je venais de recevoir. J'ai quitté mon costume de mariée, et me suis dirigée vers les chaumières recommandées par vous, c'est-à-dire celles où le malheur semblait une épreuve imposée à la vertu. Des bénédictions ont été mon épithalame ! Quels présens eussent pu me procurer d'aussi grandes jouissances ? je suis rentrée persuadée qu'un mariage fait sous de tels auspices ne saurait être malheureux.

Ma mère, pour ne pas blesser l'amour-propre de quelques voisins, avait invité pour l'après dînée une vingtaine d'étrangers, qui se sont étonnés de ce que nous ne faisions pas de *noce*, et que la soirée d'un si grand jour se passât comme les autres. Les jeunes personnes me demandaient avec empressement de leur montrer mes bijoux, elles riaient aux éclats de ne voir que des bracelets si ordinaires. « Ce n'est pas

» la peine de se marier, dit l'une d'elles, pour
» ne pas avoir de brillans *cadeaux*. Quand on
» voudra m'épouser, il faudra me promettre
» beaucoup de choses, ou bien je resterai pour
» *coiffer sainte Catherine.* » Ce bon mot si à
la mode ici fit rire toutes les compagnes de
l'oratrice, ravies de rabaisser l'orgueil qu'elles
me supposaient d'être si bien mariée. Elles
furent fort déconcertées du sang-froid avec
lequel je leur répondis que chacun avait son
goût ; que monsieur Durand avait consulté le
mien, et que je ne doutais pas qu'il n'en fût
de même de la part de leurs maris, lorsqu'elles
auraient fait un choix.

Au milieu de la soirée, nous vîmes entrer
Marguerite, rouge et essoufflée, qui criait à tue-
tête, de la porte, qu'elle savait bien que sa
chère Alicie ne manquerait pas d'envoyer quelque chose à *madame la mariée,* et, triomphante, elle vint déposer sur mes genoux la
caisse contenant tout ce que votre amitié m'a
destiné. La diligence a éprouvé un accident qui
l'a retardée de douze heures ; voilà pourquoi
je n'ai reçu que si tard les charmans couverts
de vermeil, dont vous vouliez que je me ser-

visse au repas de noce. Marguerite m'aidait à déballer, s'extasiait à chaque pièce d'argenterie, et me disait tout bas que c'était pour faire *bisquer* les envieux qu'elle faisait tant d'*étalage* de vos présens. « Si vous saviez, ajoutait cette » brave femme, que de *cancans* il y avait dans » la ville sur la simplicité de votre mariage, » vous trouveriez tout naturel que, vous ayant » vu naître, je sois bien aise de leur *clore le » bec*, en leur montrant que, si l'on voulait, » on pourrait faire plus d'*embarras* que d'autres » qui *jappent* si haut. » Marguerite avait bien jugé ; les mines des rieuses étaient devenues sérieuses, et lorsque tout ce que contenait ma caisse a été étalé sur la table, je vous assure qu'elles étaient aussi graves, qu'elles étaient gaies quelques instans auparavant.

Votre aimable lettre, mon amie, m'a profondément touchée, et celle de votre mère à la mienne nous a fait aimer d'avance monsieur de Bligny, qui sait vous apprécier comme vous méritez de l'être. J'ai obtenu d'aller à Paris pour l'époque de votre mariage ; mais je ne pourrai rester que peu de jours avec vous, ne voulant pas quitter mon beau-père pour long-temps.

Telle confiance que j'aie dans les soins des domestiques qui le servent, et dans ceux des amis qu'il retrouvera à Amboise, je ne puis me décider à le laisser seul ; il me témoigne une si tendre affection, que je lui dois toute la mienne. Ainsi, aussitôt que je vous aurai entendu prononcer ce *oui* que l'on nomme fatal, et que je trouve si doux à dire, je reviendrai vite. Avertissez-moi donc exactement du jour où il faudra me mettre en route.

Maintenant je veux vous gronder de la magnificence de votre présent. Pour en faire un de cette importance, vous vous serez gênée, et je n'avais assurément pas besoin de tant de choses pour être persuadée de votre tendre attachement. Votre portrait ne me suffisait-il pas ? Votre lettre ne me dit rien de ce que vous m'envoyez, ce qui me fait supposer que vous aurez craint d'être grondée de votre excessive générosité. Si je pouvais être grognon aujourd'hui, je vous dirais tout ce qui se peut imaginer de plus dur sur cette prodigalité, mais je suis trop heureuse pour n'être pas indulgente, et vous en serez quitte pour la peur, ou du moins, j'attendrai que je sois près de vous pour vous adresser les reproches que vous méritez.

Nous partons la semaine prochaine pour Amboise; j'y resterai jusqu'à ce que j'aille à Paris. Vous m'avez vue détester cette maison qui me paraissait triste, et maintenant que je la quitte pour toujours, j'ai le cœur gros de m'en éloigner. C'est ici que je passai mon enfance, que notre amitié prit naissance; de doux souvenirs se mêlent à des chagrins qui me semblaient vifs, et qui, au fait, n'étaient pour la plupart que des contrariétés d'enfant gâté. Je me figurais que je serais bien aise de ne plus voir des personnes qui me paraissaient ridicules et ennuyeuses, et cependant je sens que ce sera avec peine que je leur ferai mes adieux. Est-il bien certain que je me trouve mieux ailleurs ? L'habitude, au moins, me faisait passer par-dessus mille défauts, comme elle me faisait pardonner les miens; dans des lieux nouveaux, il faudra recommencer à m'accoutumer à ce qui me déplait ; mais aussi Charles sera près de moi, je pourrai lui prouver ma tendresse par celle dont j'entourerai son père; il me témoignera la sienne en aimant ma mère. Votre destinée sera aussi brillante que je le désirais, la mienne assurée au-delà de mes espérances ; il faudrait être folle pour ne pas être satisfaite de mon sort ; et, guidée par la raison même, vous ne devez plus craindre pour moi le retour d'un caractère changé par l'amour et l'amitié.

Adieu, chère Alicie. Tous ceux qui vous connaissent veulent que je vous dise que l'on vous aime toujours, et ceux qui ne vous connaissent pas vous assurent qu'ils sont très-disposés à suivre un tel exemple.

Zoé Durand.

LETTRE LIV.

LA COMTESSE DE ROSEVILLE A Mme DORCY.

Tristesse toujours croissante de madame de Roseville. — Les oliviers. — Le canal de Languedoc. — Air national. — Danses interrompues par un enterrement. — Gaîté des jeunes filles.

Carcassonne.

Ce n'était point à vous que je devais écrire aujourd'hui, ma chère amie; cette lettre était destinée à mademoiselle de Viéville; mais je me sens si abattue, si triste, que ce n'est qu'avec vous que je puis causer; votre indulgente amitié, qui toujours a su adoucir mes chagrins, trouvera encore les paroles consolantes qui pénètrent jusqu'à mon cœur. Elles sècheront peut-être les larmes abondantes que je répands, sans pouvoir leur assigner une cause positive ; ou du moins mes pleurs seront moins amers lorsque vous les aurez recueillis.

J'affligerais ma bonne tante en lui communiquant ce que j'éprouve ; elle me reprocherait de nouveau un voyage auquel elle s'était fortement opposée, et qui, loin d'avoir amélioré ma santé, semble l'avoir détruite entièrement; des sermons augmenteraient l'ennui qui me consume : ainsi de grâce évitez-moi ceux qui pleuvraient sur moi, si vous rendiez compte de ce que je vous mande.

Depuis que j'ai quitté Bagnères, je ne suis plus la même ; je n'ai pas de maladie caractérisée, mais je suis d'une faiblesse qui m'empêche de supporter de longues journées. Mon humeur se ressent de ce malaise, et j'ai toutes les peines du monde à ne pas être maussade pour ce qui m'entoure. Cette contrainte que je m'impose me fatigue horriblement; et sitôt que je suis dans une auberge, je m'empresse de m'enfermer dans ma chambre, afin de pouvoir être grognon tout à mon aise. J'attribue ces souffrances physiques et morales à la chaleur étouffante de ces provinces, tant vantées par les poètes, et qui ne sont qu'un véritable désert brûlant et aride. Je désirais avec passion voir enfin des oliviers; mon imagination me faisait croire que ces arbres, emblème de la plus désirable chose du monde et si souvent chantés, devaient être charmans; en cela comme en beaucoup de choses j'ai été au-delà de la vérité. Au lieu de cette verdure fraîche, qui devait reposer mes yeux de la vue des plaines d'un sable fin et blanc, voltigeant par tourbillons autour de nous, je n'ai aperçu qu'un feuillage noirâtre couvert de poussière, des troncs tortueux et creux, et j'ai regreté le plus modeste arbuste de Normandie.

En arrivant ici, j'ai été un peu dédommagée par le coup-d'œil enchanteur du beau canal de Languedoc, bordé de plantations qui me rappellent celles de ma province chérie. L'auberge où nous sommes se trouve située de manière à me laisser découvrir le plus ravissant paysage; et je suis restée à ma fenêtre plus d'une heure sans m'en apercevoir. Mes pensées étaient toutes aux lieux où s'écoulèrent les plus heureux instans de ma vie; j'étais transportée à Roseville, et j'oubliais presque tout ce qui me donne le droit de regretter à jamais ce séjour, devenu pour moi aussi triste que les autres.

Sortie de cette rêverie si douce, j'ai senti plus vivement, que jamais je ne retrouverais le calme que j'ai perdu depuis la mort d'Edouard. Voulant me distraire, je suis descendue pour me promener, je n'ai point averti Sophia. On fuit les personnes avec lesquelles on se sent des torts; j'ai celui de ne pas partager assez le bonheur dont elle jouit; aussi j'évite sa présence maintenant, autant que je la désirais jadis. La séparer seulement quelques instans de M. de Parhen, serait une cruauté que je me reprocherais, et je ne puis m'accoutumer à me trouver avec lui; je hâte de tous mes vœux la fin d'un voyage, qui me force à le voir souvent, et je gémis de la nécessité de m'arrêter dans toutes les villes.

Ma tante, avec tout son esprit, ne s'aperçoit point de l'effet que produit sur moi la plus incroyable ressemblance. Elle ne devine pas le mal que me font ses remarques sur cette singularité de la nature, et ne manque pas un jour de me répéter : « M. le comte me rappelle » absolument mon pauvre neveu. Convenez, ma

» nièce, qu'il est impossible d'avoir plus de con-
» formité dans les traits, la tournure, le son de
» voix, etc. » Ainsi, au lieu de chercher à dé-
tourner mon attention de l'objet qui a renou-
velé tous mes regrets, madame de Granville
s'appesantit sur ce qui me déchire le cœur. Je
ne lui en veux pas assurément de ce manque
de tact : peut-on à 66 ans se rappeler les impressions de la jeunesse? peut-on concevoir
toutes les contradictions des passions, qui ne
paraissent plus que des folies d'un cerveau malade? Les charmes d'un amour partagé sont
presque oubliés; on ne s'en souvient que
comme d'un songe trompeur, qui nous a fait
passer quelques instans agréables, et l'on est
tenté de se moquer alors de l'erreur des
personnes qui ajoutent foi à ces illusions qui
séduisirent un demi-siècle plus tôt. Il serait
donc absurde et injuste de bouder ma pauvre
tante.

Espérant que l'air me remettrait, je me suis
dirigée seule vers le canal, et me suis bientôt
trouvée près d'un groupe de jeunes filles dan-
sant en rond. L'une d'elles chantait, avec une
voix fraîche et pure, une chanson langue-

docienne dont j'ai retenu l'air assez original pour obtenir un véritable succès, s'il était placé dans un opéra. Je l'ai noté en rentrant, et le donnerai à quelque compositeur, qui sera charmé de pouvoir s'en servir. C'est un usage fort commode que celui de prendre ainsi un joli thème tout fait ; et ce plagiat, qui n'est jamais critiqué, deviendra, je crois, plus fréquent à mesure que nos auteurs les plus distingués s'en serviront. Leurs remplaçans seraient bien maladroits de ne pas suivre leur exemple ; c'est un moyen de réussir qui ne donne aucune peine ; ainsi il y a tout à gagner à l'employer.

Fatiguée d'une gaieté que je ne partageais pas, je me suis éloignée, étonnée d'être blessée de la joie des autres ; elle excitait toujours la mienne autrefois ! Je me livrai de nouveau aux réflexions les plus éloignées de mon caractère. J'en fus tirée tout à coup par les accens les plus douloureux : je lève les yeux, et je vois s'avancer lentement, le long de l'une des rives bordant ces eaux limpides, un enterrement ! Je venais de fuir l'aspect du bonheur, et je me trouvais arrêtée par un cercueil !..... Il était porté par des jeunes filles vêtues de blanc, et suivi par un grand nombre de femmes tenant étendu un drap, symbole de la pureté de l'objet de leurs regrets*! Ce convoi, dont la silencieuse marche n'était interrompue que par les gémissemens de celles qui le composaient et par le son lointain mais distinct de la chanson languedocienne, me parut mille fois plus imposant que tous ceux des grandes villes, où l'orgueil des familles remplace par une pompe excessive la douleur qu'elles affectent. Je voulus me ranger pour laisser passer ce cortége simple et touchant, mais la brusquerie de mon mouvement le rendit maladroit; je tombai sur ce cercueil, et mes bras l'entourèrent avec une force si convulsive que l'on eut de la peine à me le faire quitter. Je ne saurais exprimer ce que j'éprouvais, car je n'avais pas une idée bien nette; mais je souffrais cruellement. Mes artères battaient avec violence, et mon cœur était tellement oppressé que je respirais avec peine. Je suivis machinalement ce cercueil qui m'inspirait le plus triste pressentiment. Je pensais que dans

(*) Dans tout le midi le drap mortuaire ne couvre pas le cercueil : il est porté derrière le corps par les plus proches parens, ou les amis les plus intimes.

ce moment peut-être l'une de mes filles venait de m'être enlevée ! Il faut si peu de chose maintenant pour me faire croire aux événemens les plus pénibles ! Avant mon mariage et pendant la vie d'Edouard ils me paraissaient impossibles; tout était riant pour moi dans l'avenir. Aujourd'hui, quelle différence !.....

Mes pleurs se joignirent à ceux des compagnes de cette jeune personne enlevée sitôt à sa mère. Nous arrivâmes devant le groupe que j'avais quitté peu de minutes avant; les jeux furent interrompus, les jeunes filles se jetèrent à genoux lorsque nous fûmes près d'elles ; mais sitôt que nous nous éloignâmes, elles reprirent leur chant et leurs danses, sans réfléchir que peut-être le lendemain l'une d'elles serait arrachée aussi à ces plaisirs dont rien ne pouvait la distraire. Ce trait peint bien toute l'inconséquence et l'imprévoyance de cet âge où rien n'effraie, et où les impressions les plus lugubres sont effacées aussi promptement que reçues !

Je rentre à l'instant de ma promenade, pour dissiper l'effet de la scène dont je viens d'être témoin ; je n'ai pas trouvé d'autre remède que de vous le faire partager. Chère Caroline, il faut toute votre bonté pour ne pas vous faire renoncer à une liaison qui ne vous offre plus que des sujets de tristesse. Je voudrais pour tout au monde ne pas vous causer la moindre peine, et cependant il m'est impossible de ne pas vous confier les miennes, tout en sachant que vous les partagez. C'est une des mille contradictions de mon caractère actuel, absolument opposé à celui que vous m'avez connu. En prenant la plume je forme une résolution que j'abandonne presqu'aussitôt; enfin, je me comprends moins encore que vous ne m'expliquez; vous qui m'avez dirigée si long-temps, et qui pensiez me connaître. Tous vos soins pour dompter mes défauts sont perdus; au lieu d'être ce que je devais être, élevée par vous, je suis la femme la moins aimable et la plus bizarre; loin de jouir des avantages d'une position que l'on trouve heureuse, je n'en sens que les inconvéniens, et je changerais volontiers mon sort contre celui de la personne possédant la fortune la plus médiocre avec la possibilité de vivre entièrement seule.... Que viens-je dire? mon amie, je m'en repends. Pourrais-je exister sans mes enfans, sans vous? vous savez bien que non, n'est-ce pas? C'est la société, ses usages, ses sots devoirs qui me sont odieux, et que je voudrais fuir; c'est cette fausseté habituelle du monde dont je voudrais n'être plus le témoin. Je suis condamnée à continuer un genre de vie qui m'excède. Ma famille, le nom que je porte, l'avenir de mes filles m'en font une loi; mais il doit du moins m'être permis d'en gémir avec vous. Je le répéterai toujours, je suis destinée à souffrir!

Écrivez-moi à Lyon avec détail sur tout ce qui concerne Alicie; dites-moi bien qu'elle est heureuse, que vous l'êtes aussi; ce sera me faire supporter plus patiemment une existence dont je voudrais entrevoir la fin, si ce n'était pas former le vœu le plus coupable.

Sophia est embellie, elle a pris des couleurs et cet air animé que nous lui voyions rarement et qui lui sied si bien. Ainsi donc il est certain que cette douleur si profonde que lui causait la mort de sa mère a cédé sur le champ au bonheur de revoir l'homme qu'elle aimait! Comment donc s'étonner du chagrin qui me navre? Loin de M. de Pahren tout espoir ne lui était pas ravi, tandis que je ne puis en concevoir aucun ! Direz-vous encore que ce n'était pas de l'amour que m'inspirait mon mari ? Et pourriez-vous imaginer qu'il y ait quelque remède à mes tourmens ?

Adieu, mon excellente amie. Aimez-moi, et plaignez-moi. Je mérite l'un et l'autre.

Comtesse de ROSEVILLE.

LETTRE LV.

LE M.is DE BLIGNY AU C.te DE PAHREN.

PASSION DE MADAME DE ROSEVILLE POUR LE COMTE DE PAHREN. — CE QUI EN GÉNÉRAL SÉDUIT UNE FEMME SENSIBLE. — UNE SOIRÉE CHEZ MADAME LA DUCHESSE DE DURAS. — SA SOCIÉTÉ. — MM. V..... DE C... C..... — TABLEAUX EN ACTION. — CORINNE. — M. LE DUC DE MAILLÉ. — M. DE KERGORLAY ET SA FAMILLE. — MADAME RÉCAMIER TOUJOURS CHARMANTE. — SON SALON. — SECOND MARIAGE DE M. LE DUC DE DURAS. — MESDAMES DE ROZAN ET LAROCHEJACQUELIN. — ANECDOTES SUR FOUCHÉ, MINISTRE DE LA POLICE GÉNÉRALE.

Ce que vous me dites de l'humeur subite de madame de Roseville, mon cher comte, m'a fait naître une idée que vous allez repousser aux calendes grecques. Votre modestie vous la fera considérer comme la plus folle pensée que j'aie jamais eue, quoique vous m'en ayez connu de fort extravagantes ; vous me direz pour la millième fois que je n'ai pas le sens commun, et que l'approche du redoutable sacrement ne me rend pas plus raisonnable. Je me soumets d'avance à toutes vos représentations ; mais je ne puis m'empêcher de vous faire part d'une découverte utile à votre bonheur futur : en un mot, je pense que la jolie veuve en vous voyant a regretté doublement le *pauvre défunt*, et que maintenant elle vous a tellement confondus tous deux dans son cœur, qu'elle ne sait plus lequel elle pleure du mort ou de celui perdu sans retour pour elle.

Frappé de tout ce que vous m'avez mandé sur un changement de caractère si prompt, je me suis hâté de communiquer mes soupçons à madame Dorcy; tout en cherchant à me désabuser, elle m'a semblé émue, et point trop éloignée de partager mon opinion. Je sais qu'elle a écrit à son amie ; et Alicie, qui ignore tout ceci, m'a dit que sa mère était triste depuis *avant-hier*, sans qu'elle pût en deviner le motif.

Si une personne aussi posée que ma future belle-mère, et qui connaît si bien madame de Roseville, accueille ce que vous allez combattre, comment moi, le plus inconséquent des hommes, et celui qui sait le mieux tout ce que vous valez, n'imaginerais-je pas qu'il est fort naturel que vous ayez inspiré une passion véritable à une personne qui n'en a jamais eu? Le romanesque de la vôtre pour Sophia, serait seul un motif pour vous faire adorer, quand bien même vous seriez aussi laid que le chevalier de la triste figure, dont, soit dit entre nous, vous avez un peu joué le rôle. Rien ne séduit une femme tendre comme ces amours de la vieille roche devenus si rares de nos jours; elles commencent par regretter de ne pas en être l'objet, et, à force de s'occuper de ce *sentiment intéressant*, elles en éprouvent un qui doit faire le tourment de leur vie. Madame de Roseville, habituée à voir ses moindres désirs exaucés, n'a jamais su prendre le moindre empire sur elle-même; elle n'a pas calculé qu'elle pût être obligée de se roidir contre les événemens, puisque tout dans son existence lui en promettait d'heureux; ainsi, elle sera sans force pour combattre ce que vous lui inspirez ; et je redoute pour elle des chagrins d'autant plus amers, qu'ils étaient imprévus. Pour tromper une imagination si vive, sans manquer à la sévérité de ses principes, madame de Roseville se plaisait à nourrir le souvenir de son époux, qu'elle aimait avec amitié et reconnaissance, mais sans aucune passion. Afin d'éviter un nouvel engagement, elle tâchait de se persuader que son cœur avait épuisé toute sa tendresse ; vous êtes venu pour la détromper, et désormais elle connaîtra l'amour dans toute sa force et n'en éprouvera que les chagrins. Elle méritait un autre sort, par sa bonté, sa bienfaisance, et cette réunion de qualités que l'on admire en elle. Il est donc vrai que le bonheur ne peut se trouver en ce monde. Je crois cependant l'avoir rencontré ; Alicie et vous, me donnez le droit d'imaginer qu'il y a une exception en ma faveur ; et, en vérité, je trouve la fortune plus aveugle que jamais, puisqu'elle se déclare pour un mauvais sujet comme je l'ai été jusqu'ici.

J'ai passé hier une charmante soirée chez madame la duchesse de Duras, avec laquelle ma mère était fort liée. Voulant lui faire part de mon mariage, je me suis rendu chez elle avec l'intention de n'y rester que quelques instans, pour causer à mon aise avec elle de ce qui me rend si heureux.

Je suis arrivé de très-bonne heure. Elle était seule, et c'est précisément pourquoi je m'y suis oublié. Madame de Duras a dans la conversation toute la grâce que l'on admire dans le charmant roman d'Ourika; et si un peu de fierté se fait remarquer en elle, on est prêt à l'excuser en songeant à tout ce qui doit en donner à une femme aussi distinguée. C'est, je crois, la seule chose qu'il soit possible de lui reprocher; et je ne sais jusqu'à quel point on doit regarder comme un défaut cette dignité de soi-même, dans un instant où le contraire est si habituel aux personnes de sa classe. Que de beaux noms se sont salis à force de se traîner dans toutes les antichambres de ministres! Que de variations d'opinions chez des gens qui ne devaient en avoir qu'une! Que de bassesses se sont commises, cachées sous des titres illustres! Ne blâmons donc pas l'orgueil de madame de Duras, qui a préservé elle et les siens de faire rien d'indigne de la famille dans laquelle elle est entrée.

J'ai quelque mérite à la justifier sur ce point, car j'ai eu à essuyer une foule de représentations sur mon *singulier mariage* qui serait, disait-elle, blâmé par toute la société. J'ai répondu que c'était le seul qui pût me convenir, que je ne dépendais que de moi, et qu'ainsi j'étais parfaitement libre de conclure l'affaire la plus importante de ma vie comme je l'entendais; que c'était l'unique manière de faire cesser des désordres que l'on me reprochait depuis long-temps avec raison; que quant à la société il m'importait peu d'avoir son avis, parce que j'étais certain qu'elle serait du mien dès qu'elle s'amuserait chez moi; et qu'enfin Alicie, étant à tous égards la plus aimable personne, fille de parens estimables, elle serait fort à même d'apprécier tout ce que valait la bienveillance que daignerait lui accorder ma bonne et charmante prêcheuse. J'ai assaisonné tout cela de plaisanteries qui ont fait rire madame de Duras, et dès lors ma cause était gagnée; la duchesse a été ce qu'elle est toujours, la plus spirituelle des femmes. Elle a exigé que je restasse chez elle pour admirer quelques *tableaux*, nouvelle mode dont je n'avais aucune idée.

Ces *tableaux* ont remplacé les charades en action. On apporte dans le salon un cadre fort grand, couvert d'une toile derrière laquelle on groupe avec exactitude des personnes costumées comme les héros qu'elles doivent représenter. Gérard s'était chargé ce soir-là de reproduire son admirable composition de Corinne [*].

L'indulgence de madame de Duras pour moi me faisait un devoir de chercher à lui complaire, et je me suis résigné à ne pas aller le soir chez mademoiselle de Vieville, ce qui était un véritable sacrifice. Je suis forcé d'avouer cependant que le charme d'une conversation intéressante, instructive sans pédanterie, m'a fait subir assez patiemment la privation de la vue d'Alicie. Je l'ai regrettée dans ce cercle où se trouvaient tant de savans consentant à oublier leur science pour se rapprocher de nous

(*) Ce chef-d'œuvre, que la France regrettait avec juste raison, vient de lui être rendu. Le prince de Prusse, auquel il appartenait, en a dernièrement fait hommage à madame Récamier, bien digne de le posséder par l'amitié qu'elle portait à madame de Staël, et par son goût éclairé pour les arts.

autres ignorans, un grand nombre de littérateurs ne parlant pas trop d'eux, et une foule de très-jolies femmes plus occupées de la maîtresse de la maison que d'elles-mêmes.

Etre approuvé de madame de Duras est devenu une véritable passion; aussi en l'approchant on tâche de dissimuler des prétentions que sa pénétration devinerait; et l'on devient par cela même infiniment plus aimable qu'on ne l'est ailleurs. *L'esprit qu'on veut avoir gâte celui qu'on a*, cela est certain, et j'en ai eu hier vingt preuves, par exemple, le long, lent et lourd M. V.... m'a paru infiniment moins ennuyeux; parlant peu, écoutant beaucoup, il ne me fatiguait pas de ses interminables phrases, allongées encore par l'embarras d'une prononciation vicieuse. Quelques mots placés dans la conversation générale prouvaient toute son instruction, et l'ordre qu'il a mis à classer dans sa tête la quantité d'ouvrages utiles qu'il a lus avec fruit, suffisait pour faire apprécier la justesse de son jugement.

M. le marquis de..., n'osant risquer les calembourgs de mauvais goût qu'il hasarde dans les autres maisons où il va, n'a plus montré que son excellent ton, l'usage qu'il a du monde, et cette politesse exquise qu'il possède au suprême degré.

M. C....., questionné sur différens ouvrages nouveaux par madame de Duras, a quitté le ton de plaisanterie qu'il a adopté pour toutes ses critiques; il s'est borné à analyser avec clarté et précision les livres dont il rendait compte, sans se permettre aucune personnalité, ni ironique sarcasme contre les auteurs; et j'ai admiré en lui un juge éclairé, dont les avis seraient d'un grand poids, s'ils étaient donnés ainsi dans ses articles imprimés.

Les femmes voyant que le meilleur moyen de plaire, et celui qui dure le plus long-temps, n'est pas de s'occuper uniquement de sa figure, se donnent plus de peine pour séduire d'une autre manière; au lieu de ne s'entretenir que de bagatelles, de modes et de bijoux, elles cherchent à ne pas être déplacées près du modèle parfait qu'elles ont devant les yeux, elles n'y réussissent pas toujours; mais enfin plusieurs d'entre elles m'ont surpris par la comparaison que je faisais de ce que je les avais vues et de ce qu'elles étaient dans ce moment. Je désire sincèrement pour ces dames qu'elles contractent comme habitude ce qu'elles prennent avec effort pour quelques heures. Tout le monde y gagnerait.

A dix heures on ne s'est plus occupé que des *tableaux*, il y en a eu de remarquables; c'est une idée ingénieuse que de représenter ainsi nos chefs-d'œuvre en choisissant pour *poser* des personnes dont les figures peignent les passions que l'artiste a voulu rendre ; mais les préparatifs longs que nécessitent ces scènes où tout doit être exact, mettent beaucoup de froid dans des soirées coupées ainsi en plusieurs actes. Aussi je ne pense pas qu'elles aient long-temps le don de varier les plaisirs de la société qui se réunit chez madame de Duras[*]. Il n'en est

---

[*] L'éloge de feu madame la duchesse de Duras est dans la bouche de tous ceux qui ont eu le bonheur de la connaître. Les regrets causés par sa mort ont fait blâmer son époux de n'avoir pas renoncé sans retour à l'hymen; mais le choix qu'il a fait doit faire taire toutes les critiques. La bonté, la bienveillance de la nouvelle duchesse lui feront autant d'amis, que l'esprit de la première lui valait d'admirateurs. Je ne sais quelle part est la meilleure. Rien, selon moi, ne peut, pour une

pas, suivant moi, qui puisse valoir celui de l'entendre, ainsi que quelques élus qu'elle affectionne particulièrement. Rien n'est plus intéressant aussi que des discussions sur les sciences, les arts et même la politique, lorsque la modération et le désir d'éclairer, et non de déchirer, sont unis à l'instruction la plus étendue.

femme, remplacer le bonheur d'être aimée; dès qu'elle est trop supérieure, elle est obligée de renoncer à cette jouissance; l'envie, remplaçant alors l'affection, c'est une juste compensation pour consoler la médiocrité.

La santé de M. le duc de Duras demandait des soins constans qu'il trouve dans la tendresse de sa compagne. Tous ceux qui en sont témoins conviennent qu'il est un âge où ils sont préférables aux dissipations fatigantes du grand monde; dès lors la conduite de M. le duc de Duras ne peut trouver que des approbateurs.

Mesdames de Rozan et de Larochejaquelin, ses filles, ont tant de devoirs à remplir que, malgré leur piété filiale, elles ne peuvent être toujours auprès de lui. Elles auront donc été les premières à se réjouir de le savoir entouré des attentions qu'elles sont dans l'impossibilité de lui prodiguer sans cesse; et de pouvoir, sans le laisser seul, se rendre aux nombreuses invitations qui leur sont adressées, et que leur rang ne leur permet pas de refuser.

— J'ai vu, chez madame de Duras, plusieurs personnes que j'ai été charmé de retrouver et que je vais vous nommer, M. le duc de Maillé dont l'aménité et l'obligeance extrême forment un si parfait contraste avec l'arrogance et l'égoïsme ordinaires des courtisans. Il n'a de sa vie refusé de *demander* pour les autres, et s'il ne réussit pas toujours à *obtenir*, il ne faut assurément pas s'en prendre à la faiblesse de ses recommandations, auxquelles il met autant de chaleur qu'il apporte d'apathie à ce qui ne concerne que lui. Il est fâcheux pour les princes de n'avoir pas autour d'eux plus d'hommes tels que M. de Maillé; leurs bienfaits seraient toujours bien placés, car les intrigans n'oseraient s'adresser à l'homme qui l'a été si peu, et qui ne peut protéger que les belles actions oubliées.

M. le comte Florian de Kergorlay, vrai type de l'honneur français et dont la rigide sévérité de principes pour tout ce qui lui est personnel forme une si piquante opposition avec son extrême indulgence pour les autres. Il vit retiré, et quitte peu sa famille : cela se conçoit quand on la connaît, car il est impossible de trouver rien de plus aimable que madame de Kergorlay et ses charmantes filles, qui ont des talens d'artistes, avec la modestie la plus sincère. C'était pour moi une bonne fortune que de les rencontrer dans le monde, dont ils savent si bien se passer, mais qu'ils ne critiquent jamais. Ils se plaisent mieux chez eux, parce qu'ils y trouvent réuni tout ce qui fait le charme de la vie; mais lorsque, cédant aux vœux de leurs nombreux amis, ils renoncent à leurs douces habitudes, ils sont si bienveillans, si gais et si disposés à faire ce qui convient généralement, qu'on serait tenté de croire qu'ils suivent leurs goûts dans le moment où ils s'en éloignent le plus.

Madame Récamier, toujours nécessaire partout où l'on aime les vertus unies à la beauté et aux talens. Entourée, recherchée comme aux jours de sa plus brillante jeunesse, elle est comme alors obligeante, gracieuse et modeste. Elle m'a fort engagé à aller la voir à l'Abbaye-au-Bois, où elle est retirée depuis plusieurs années, et très-certainement je n'y manquerai pas. Je suis trop heureux de profiter d'une offre qui me rapproche de la seule femme dont je n'aie jamais eu l'idée d'être amoureux, quoique la trouvant supérieure à toutes les autres. Le calme de son maintien, la pureté angélique de son regard, me plaisaient mille fois plus que toutes les minauderies auxquelles j'étais habitué. Cependant en approchant madame Récamier, j'admirais sa céleste figure avec le recueillement que m'inspirent les belles têtes de vierges, et nullement avec cet enthousiasme que vous me connaissez pour les jolis visages. Je n'aurais en vérité pas osé l'adorer; mais je l'aime bien sincèrement. Comment en serait-il autrement? elle était l'amie de la sœur que j'ai perdue, et j'ai su tout ce qui honore la vie du monde la plus agitée, sans avoir cessé d'être la plus pure. Mon Alicie trouvera près d'elle tout ce qui peut lui plaire, et je suis certain que ces deux personnes s'apprécieront mutuellement.

Si je n'étais absorbé par mon amour, je serais tenté de venir souvent étudier la société qui se réunit dans ce salon, rendez-vous de toutes les célébrités du siècle, et de vous donner, en opposition de ce qui y a lieu aujourd'hui, dans une autre lettre une relation de ce qui s'y passait il y a vingt ans chez madame Récamier. Il me suffirait de consulter le journal que m'a laissé ma pauvre sœur. Je pense que vous trouveriez plaisante la comparaison de deux époques si différentes, et que vous seriez bien aise de comparer les hommes d'état de la république rêvant les titres, les distinctions et les places en ne parlant que d'égalité, à ceux de la monarchie voulant franchement la liberté et le règne des lois; mais pour saisir le comique de cette opposition, il faudrait m'éloigner souvent d'Alicie, et je ne me sens ce courage que rarement.

Je signe demain le contrat de vente de l'hôtel touchant à celui de madame de Roseville dont j'ai fait l'acquisition, et j'irai m'y installer immédiatement afin de surveiller les réparations et les embellissemens à y faire. Il faudra ensuite songer à le meubler, ce qui va me donner une occupation qui m'aidera à attendre plus patiemment votre arrivée, et remplira mes matinées qui me paraissent d'une longueur mortelle, parce que je ne puis les passer avec Alicie; elle ne veut pas cesser d'être la seconde mère des petites de Roseville, et ne me reçoit qu'au moment du dîner. J'ai insisté vainement pour lui faire changer de résolution, elle m'a répondu que tant que son amie serait absente, elle voulait que rien ne fût dérangé dans la vie de ses élèves; qu'elle avait promis de les surveiller pendant toutes leurs leçons, et qu'elle serait coupable de consulter son goût avant son devoir. Il a fallu céder, mais ce n'est qu'en m'occupant d'elle que je puis trouver la force nécessaire pour supporter l'ennui que j'éprouve loin d'elle. Je cours les marchands, je fais des emplètes, je cherche à deviner ce qui pourra plaire à cette personne si raisonnable; aussi n'est-ce pas chez les bijoutiers que l'on me voit le plus maintenant. J'ai cependant le désir qu'elle ait ce qu'une femme destinée à vivre dans le monde doit avoir; mais avant de lui offrir ce qu'elle appellera des *inutilités*, je veux remplir son appartement de bons livres, de beaux tableaux, de meubles commodes pour sa mère, et des produits de l'industrie nationale dont elle est fière.

Je m'attends à être grondé quand Alicie apprendra que je l'ai trompée. Je la calmerai en l'assurant que ce sera la dernière fois que cela m'arrivera; et je serai sincère en le lui jurant : dès que nous serons mariés, il me sera doux de la consulter sur tout, et de ne rien faire que d'après ses conseils, qui ne peuvent être que bons. Vous ne croyez pas à ce que je vous dis là ; vous verrez Alicie, et dès-lors, vous ne vous étonnerez plus de mon changement.

J'ai aussi donné des ordres pour faire préparer le petit château que j'occupe en Picardie. Cette terre n'est point considérable ; mais je veux l'habiter quelquefois, afin que la bienfaisance éclairée d'Alicie puisse répandre l'aisance où j'ai eu le tort si grave de laisser long-temps la plus cruelle misère.

Nous y aurons d'ailleurs le plus agréable voisinage ; et ce sera avec grand plaisir que je reverrai les aimables habitans de Villers-Hellon, que j'ai perdus de vue depuis long-temps sans avoir oublié la bonhomie pleine d'originalité de l'excellent monsieur Collard, la grâce de sa charmante compagne, la beauté et les talens de ses trois filles ; mesdames les baronnes Capelle, de Martens, et Paul Garat. Elles brillent dans la société par des avantages que l'on rencontre rarement ; mais ce n'est pas là que je préfère les voir : mais c'est dans l'habitude de la vie de château qu'elles méritent tous les hommages par l'égalité de leur caractère et le charme de la conversation la plus spirituellement simple.

En attendant que j'aille occuper ma maison, j'habite toujours l'hôtel de Tours devenu l'un des plus agréables de Paris depuis le déblaiement de la place de la Bourse. Nous y avons été ensemble, ce qui me le ferait aimer de préférence à tous les autres, quand bien même il ne serait pas admirablement tenu. Le propriétaire de cet établissement le dirige avec un ordre qui lui a valu un suffrage remarquable dans une singulière circonstance. On m'a raconté hier, très-plaisamment, cette anecdote dont je crois que vous vous amuserez comme moi.

Madame de C*** habitait il y a vingt-cinq ans un joli appartement au second de cet hôtel. Elle faisait de la dépense, recevait beaucoup de monde, sans qu'elle eût de fortune connue. Un soir elle rentra de meilleure heure que de coutume, et fut reconduite dans une belle voiture, dans laquelle était un homme d'un certain âge, qui monta chez elle. A deux heures du matin, la maîtresse de la maison fit prier ce monsieur de vouloir bien se retirer, parce que tous les locataires étant rentrés, le portier allait se coucher. Madame de C... fit dire qu'ayant une chambre vacante, elle l'offrait à *son cousin*, qu'ainsi le portier pouvait fermer la porte.

Le lendemain matin, on apporta à madame de C... le registre sur lequel devaient être inscrits les noms de toutes les personnes qui *passaient une nuit à l'hôtel*; on fit des excuses sur cette formalité, dont on ne pouvait se dispenser sous peine d'amende. L'inconnu, sans se faire prier, signa sur ce livre; et jugez de l'étonnement du propriétaire en lisant, *Fouché ministre de la police générale.* Celui-ci, en s'en allant, voulut parler au maître de l'hôtel; il lui dit qu'il était bien aise de voir par lui-même si ses ordres étaient suivis, et que si partout on les exécutait aussi ponctuellement, le *métier* de ministre de la police serait aussi aisé à faire qu'il l'était peu pendant les circonstances difficiles dans lesquelles se trouvait le gouvernement. Il laissa cinq cents francs pour les garçons, qui furent, je pense, plus satisfaits de cette aventure que madame de C... qui déménagea peu de jours après.

Je compte les jours et les heures qui doivent s'écouler d'ici à votre retour, mon cher comte, je suis trop franc pour vous dire que cette impatience est uniquement causée par le désir de vous revoir. Sans doute il contribue beaucoup à me faire trouver que le temps ne vole plus ; mais mon mariage n'aura lieu qu'à votre arrivée, voilà de quoi me la faire hâter de tous mes vœux. Je brûle de subir le joug que tant de gens redoutent, et ce sera avec la joie la plus vive que je me débarrasserai d'une liberté dont je faisais un si triste usage. Tâchez donc de presser vos compagnes, de faire galoper vos chevaux de poste, et de vous trouver bientôt près d'un ami dont le bonheur dépend de vous.

Marquis de Bligny.

LETTRE LVI.

LA Cᵗᵉ DE ROSEVILLE A Mˡˡᵉ DE VIEVILLE.

LES ARÈNES DE NÎMES. — EFFET QU'ELLES PRODUISENT SUR MADAME DE ROSEVILLE. — S. A. R. MONSIEUR (CHARLES X.) — IL REÇOIT UNE FÊTE. — LA MAISON CARRÉE. — MUSÉE DE NÎMES. — LE TEMPLE DE DIANE. — LES TÊTES D'AIGLES COUPÉES. — MOSAÏQUE DANS UNE CAVE. — MAUVAIS GOUT AU SIÈCLE DE LOUIS XV. — BAINS ROMAINS.

Nîmes.

Je voulais vous écrire de Montpellier, ma chère tante, mais y ayant été plus souffrante que jamais, je n'ai pu exécuter ce projet, qui peut-être eût dissipé une partie de mes maux; d'ailleurs habituée comme vous l'êtes à lire dans mon cœur, vous eussiez découvert, malgré mes efforts pour vous les cacher, des douleurs que je n'ai pas la force de dompter. Il valait donc mieux garder le silence que de vous inquiéter, et c'est ce que j'ai fait. Je préférerai toujours me priver d'une douce consolation que de vous causer une minute de chagrin. Je serais sans courage pour les vôtres. Le poids des miens est déjà si pesant!...

Je désirais, avec passion, voir Nîmes, puisque cette ville devait me donner une idée des monumens romains, que je ne connaissais que par des descriptions arides, et des gravures ne pouvant me rendre leur imposante majesté. En approchant de cette cité qu'un peuple extraordinaire a enrichi de chefs-d'œuvre, impérissables comme sa gloire, je reprenais une vivacité que j'ai perdue depuis que mes nerfs sont devenus plus malades encore. Je suis si faible, depuis mon départ de Bagnères, que la moindre impression un peu vive me cause une extrême lassitude. Fatiguée de l'agitation que me causait l'impatience d'arriver à Nîmes, mes paupières s'appesantirent malgré moi, et je m'endormis.

Mon sommeil fut tout à coup interrompu par

un cri d'admiration échappé à Sophia. J'ouvris les yeux, et je me trouvai en face des *arènes*, éclairées par les rayons de la lune la plus brillante. Je ne puis vous exprimer ce qui se passa en moi; sans savoir ce que je faisais, et sans laisser le temps de m'en empêcher, j'ouvris la portière de la voiture, je sautai, et me voilà courant à toutes jambes, seule et comme une folle, jusqu'à cet immense cirque, grandi encore par les reflets de cet astre plus éclatant ici qu'ailleurs. Je fus tirée de l'extase où j'étais par M. de Pahren qui vint me joindre, et qui me désenchanta tout-à-coup en me disant : « Mon » Dieu! que feriez-vous donc à Rome? »

C'est une manie des personnes qui ont beaucoup voyagé, de comparer toujours ce qu'ils ont vu avec ce qu'ils voient, et de chercher à rabaisser les objets admirés avec eux, afin de donner plus d'importance à ceux que seuls ils connaissent. Je ne sais rien de plus déplaisant; aussi ai-je assez mal répondu à la question déplacée du comte, et, sans aucun effort, je suis retournée promptement à la voiture, où, pour achever de me donner de l'humeur, il a fallu supporter les plaisanteries de ma bonne tante.

Elle était restée très-calme devant ce qui m'avait transportée, et se moqua d'un enthousiasme qu'elle ne comprenait pas. M. de Pahren a continué à m'assurer que les *Arènes* n'étaient qu'une *miniature* auprès du colisée. Sophia seule ne m'a pas contrariée dans cette occasion ; elle se taisait et, la tête hors de la portière, suivait de l'œil le monument imposant que nous laissions derrière nous.

Arrivés à l'hôtel du *Grand-Luxembourg*, j'ai déclaré ne vouloir pas souper, et me suis fait donner une chambre ayant un balcon sur la place. J'ai ouvert une fenêtre, et suis restée une partie de la nuit à considérer cet amas de pierre, parlant d'une manière si puissante à mon imagination par les grands souvenirs qu'il fait naître. J'attendais le jour avec impatience pour visiter avec soin ces ruines admirables. A peine paraissait-il que je me suis dirigée vers elles, sans vouloir être accompagnée : j'aurais été trop désolée de ne pas être la maîtresse de trouver cet édifice le plus magnifique du monde ; et j'ai défendu aux servantes de l'auberge de dire où j'allais. Vous, ma chère tante, qui partagez tout ce que j'éprouve, eussiez été la seule compagne que j'eusse voulue dans cette excursion. Pour augmenter le charme du souvenir qui s'y rattachera je vais vous donner quelques détails sur ce qui vous eût intéressée comme moi.

Débarrassé des masures qui l'obstruaient de toutes parts, l'amphithéâtre apparaît aujourd'hui dans toute sa grandeur. Son plan est magnifique, et rien n'est aussi ingénieux que la distribution intérieure de cet édifice. Tout y a été calculé pour rendre les issues faciles, pour la commodité des nombreux spectateurs rassemblés dans son enceinte, et pour éviter les accidens, ordinaires dans un moment de foule; trente-six rangs de sièges servaient à placer le public. Depuis le quatrième jusqu'au plus élevé on peut reconnaître, en plusieurs endroits, les marques des places, par des entailles faites dans la partie antérieure des sièges, et distantes entre elles de quelques pieds ; en calculant d'après ces données, on imagine que 27 mille spectateurs pouvaient s'y asseoir.

Lors du passage de *Monsieur*, en 1814 (aujourd'hui Charles X), les frères Franconi donnèrent un spectacle dans le cirque, auquel le prince voulut bien assister. La population, avide de contempler les traits du prince chéri qui lui était rendu, encombra les arènes, et malgré les soins de l'autorité, la foule fut extrême, cependant aucun accident n'attrista cette belle journée; ce qui prouve à quel point les issues sont habilement ménagées, et combien la solidité de l'amphithéâtre est encore grande. Il servit pendant plusieurs siècles aux spectacles et aux combats des gladiateurs; les Visigoths s'étant rendus maîtres de ces contrées, cet édifice changea de destination, et devint une forteresse; ils bâtirent dans les galeries des maisons pour loger les soldats chargés de sa défense. Charles Martel, ayant chassé ces peuples et voulant leur ôter l'usage de ce lieu, employa vainement le fer et la flamme pour le détruire. On voit encore des traces de l'incendie qui occasionna d'énormes dégradations. Elles encombrèrent le cirque; mais le gouvernement a senti la nécessité de satisfaire au vœu public, en ordonnant son déblaiement.

On a fait des fouilles qui n'ont pas eu un résultat aussi heureux qu'on avait lieu de l'espérer. Des dents de sangliers et d'autres animaux, des bois de cerfs, deux miroirs de poche, deux robinets de bronze, plusieurs médailles, dont une en or de *Domitia;* quelques fragmens de sculpture fort mutilés, et des inscriptions tumulaires du moyen-âge, tels sont les principaux débris qu'on a pu recueillir. On a aussi découvert au niveau de l'arène un canal qui régnait autour, et quelques mosaïques probablement plus anciennes que l'édifice.

On voit sur les murs de l'amphithéâtre plusieurs sculptures en bas-relief : une louve allaitant *Rémus* et *Romulus;* deux gladiateurs combattant, etc.

J'ai détaché une petite pierre de cette ruine, je l'apporte à mes filles, ainsi que quelques médailles en cuivre qui probablement sont fort peu précieuses, malgré toutes les belles assurances du vieux concierge sur leur antiquité ; ce brave homme tire parti de la curiosité des voyageurs, qui lui payent grandement la complaisance qu'il met à leur réciter monotonement tout ce qu'il a appris par cœur; si on lui fait une question qui l'interrompe, il recommence tout son discours; c'est à n'en pas finir, quand, comme moi, on veut être instruite des moindres détails. C'est à ce cicérone intelligent que je dois tout ce que je viens de vous mander; je vous ai fait grâce des termes techniques dont il s'est servi, mais vous pouvez être sûre de l'exactitude de ma description, puisque depuis cinquante ans peut-être, elle est casée dans la tête la moins disposée aux innovations et à l'entraînement de l'éloquence.

Après une absence de plusieurs heures, je suis rentrée à l'hôtel, harassée de fatigue, et me promettant bien cependant, après un peu de repos, de reprendre le cours de mes excursions. Ne voulant pas me perdre dans la ville, j'emmènerai un domestique de l'auberge; arrivée au monument que je voudrai visiter, je donnerai l'ordre à cet homme de m'attendre à quelques pas. Autant j'aime à m'entretenir avec de bons paysans, dont la franchise et l'esprit naturel me plaisent, m'amusent, et me donnent quelquefois des conseils utiles et des connaissances sur les objets qu'ils connaissent depuis leur enfance, autant je déteste les conversations avec des valets. Ils ont conservé en général la grossièreté du langage et les manières du peuple, tout en ayant pris la prétention d'être *au-dessus de leur état;* et ils ont perdu ce qui fait tout excuser, la pureté des mœurs.

M. de Pahren sachant que je serais bien aise de rester ici deux ou trois jours, pour bien voir ces antiquités qu'il dédaigne en quelque sorte, parce qu'il a vu mieux, va profiter de ce repos pour faire une visite à un ami qu'il a à Arles. Je suis heureuse de cette absence qui me débarrassera, momentanément, de la présence d'un homme qui me déplaît, surtout depuis qu'il ne partage pas mon enthousiasme pour les objets qui m'entourent.

Je redoute la figure triste que va nous faire Sophia. Je prévois qu'elle va se désespérer de ce voyage, qui la sépare pendant quelques heures de celui qu'elle aime! Je ne suis pas, assurément, envieuse du bonheur auquel elle est appelée; mais malgré moi je ne puis m'empêcher de gémir sur la différence de nos deux positions. Une semaine ne s'écoulera pas sans que la source de ses larmes ne soit tarie; les mois, les années passeront, sans que je cesse de souffrir!..

Pour ne pas m'embrouiller dans mes relations, ma chère tante, j'ai pris le parti de vous écrire chaque fois que j'aurais admiré une ruine de cette ville. C'est une sorte de journal qui me plaît, par l'idée qu'il vous sera agréable, et ce sera une charmante manière de me reposer l'esprit, que de causer avec vous que j'aime si tendrement.

Je vais à la *Maison Carrée*, regardée comme le monument le plus parfait qui existe. A mon retour je vous dirai quel effet il aura produit sur moi. Ce n'est point en connaisseuse que je vous en parlerai, mais d'après mes sensations, et peut-être mes jugemens seront-ils fort opposés à ceux des savans ; je préfère me tromper, et avoir mon avis à moi, que de voir d'après les yeux des autres. Je hais en tout la servilité, et celle des opinions me paraît la plus basse de toutes ; ainsi, mon amie, préparez-vous à connaître la mienne sur tant de chefs-d'œuvre, et armez-vous d'indulgence, quand elle n'aura pas le sens commun. Je veux déraisonner tant que bon me semblera ; voilà sans doute pourquoi je suis si aise du départ de M. de Pahren, qui toujours de sang-froid discute posément, critique avec calme, lorsque je ne sais qu'admirer. Si l'Italie seule a des charmes pour lui, qu'il y aille, ce n'est assurément pas moi qui le retiendrai ; je ne vaincrai jamais l'antipathie qu'il m'inspire; M. de Pahren est si froid! Je trouvais qu'il avait le caractère d'Édouard. Je ne comprends plus que j'aye pu en être frappée; car maintenant je n'aperçois aucun rapport moral entre eux. Enfin je vais être heureuse pendant quelques jours, en me retrouvant seule avec des personnes que j'aime, sans que notre intimité soit troublée par la présence d'un étranger...

Je viens de voir la *Maison Carrée*, c'est dire que j'ai été enchantée; l'élégance de ses proportions, le fini de toutes les sculptures qui l'ornent, la légèreté de la colonnade, tout est parfait. La critique la plus sévère n'a pu rien reprocher à ce temple restauré nouvellement, il paraît plus admirable que jamais, depuis qu'il a été débarrassé de la terre qui encombrait les marches conduisant au péristyle. Cet édifice est entouré de belles bornes unies ensemble par des chaînes; elles achèvent de rendre la place où il est situé l'une des plus agréables que je connaisse. En déblayant les décombres qui obstruaient la Maison Carrée on a découvert une magnifique mosaïque supposée avoir été le pavé d'un bain particulier. Elle est abritée par une voûte en pierres.

La *Maison Carrée* qui pendant quelque temps avait été une chapelle, vient de recevoir une nouvelle destination, qui me paraît heureuse. Les fragmens antiques trouvés aux environs de Nîmes y seront déposés; et comme chaque jour on recueille de précieux restes de ce temps de la splendeur des arts, ce musée deviendra fort riche et fort curieux. *

On a cru long-temps que ce temple était consacré à *Plotine*, femme de *Trajan;* mais

---

* Rien n'est plus fréquent dans ces contrées que des découvertes de vestiges précieux. Un particulier acheta, il y a quelques années, une maison fort petite dans une rue peu fréquentée de Nîmes, et la paya très-bon marché. Voulant faire faire quelques travaux à sa cave, il appela des terrassiers; ils trouvèrent de la résistance sous leur pioche, et prenant quelques précautions, ils mirent à découvert une superbe mosaïque, estimée des connaisseurs comme l'une des plus belles connues. Par des procédés ingénieux, on est parvenu à transporter intactes des choses du même genre; le propriétaire a reçu pour celle-ci, dit-on, l'offre de 24,000 fr. qu'il a refusés. Il n'est pas un étranger qui n'aille chez lui payer son tribut d'admiration à ce beau tableau dont le dessin est admirable, et les couleurs aussi vives que la peinture.

M. Seguier, habile antiquaire, a rectifié cette opinion. La sienne est que la *Maison Carrée* fut érigée en l'honneur de *Lucius* et *Caïus César*, fils de *M. Vipsanius Agrippa* et de *Livie* fille d'*Auguste*.

J'ai aussi visité le temple de Diane, dans lequel on n'entre qu'avec une permission, afin de ne pas risquer que la foule détériore de magnifiques fragmens qui s'y trouvent entassés, et qui sont étudiés par tous les jeunes gens se destinant à l'architecture. On y remarque une quantité d'aigles, dont toutes les têtes furent effacées dans le temps de la conquête des Visigoths. Ces peuples barbares mutilèrent ainsi, par la plus ridicule vengeance, des bas-reliefs qu'ils ne pouvaient entièrement détruire. Leur ignorance pouvait les faire absoudre; de nos jours nous avons vu l'esprit de parti faire d'aussi absurdes sacrilèges, sans que l'on puisse alléguer pour les faire pardonner de semblables motifs d'excuse. Qu'importe, au reste, de si puériles fureurs contre les trophées de victoires remportées par les armées romaines et les nôtres? telle chose qui puisse arriver désormais, le souvenir de tant de gloire est impérissable!

Le *temple de Diane* fut conservé entier jusqu'au seizième siècle. Il était alors possédé par des religieuses dont il était l'église. Sa première origine ne lui avait point été ravie, puisqu'il était toujours consacré à la chasteté; elle s'était même ennoblie par la purification du culte catholique : mais les guerres de religion forcèrent ces saintes filles à l'abandonner ; et il devint alors la propriété de fermiers qui s'en servirent à différens usages, et qui commencèrent sa dégradation devenue presque complète. On assure qu'un de ces paysans, l'ayant rempli de bois, y mit le feu, ce qui fit éclater les pierres de la voûte : les habitans les employèrent aux fortifications de la ville.

L'intérieur de ce temple ne présente plus que l'aspect de la plus majestueuse ruine. La rose sauvage et le lierre couvrent les sculptures les plus remarquables. Cet édifice offre cependant toujours de très-beaux détails, ils le rendent l'un des monumens les plus curieux de Nîmes. Il est situé sur la promenade *de la fontaine*, ornée de tout le luxe de mauvais goût du siècle de Louis XV, ce qui paraît d'autant plus choquant, que l'on vient d'être frappé de la simplicité sublime de l'antiquité. De vilains petits pilastres, de mauvaises statues, des vases massifs, contrastent de la manière la plus désagréable avec les colonnes majestueuses, les arabesques pleins de grâce, et les bas-reliefs que l'on vient d'admirer.

Cette promenade est bâtie sur les anciens bains romains, ils offrent une telle étendue que l'on prétend que quarante mille personnes pouvaient s'y baigner à la fois. La grande quantité de débris en marbre, ciselés avec une rare perfection, prouvent que rien n'avait été épargné pour rendre ces bains aussi magnifiques qu'utiles et commodes. On pense qu'ils furent bâtis par l'ordre de l'empereur *Adrien* ou par *Auguste*. Les aqueducs souterrains, la muraille qui renferme la source, les gradins sémi-circulaires qui y descendent, et la digue par où s'écoulent les eaux dans le premier bassin, sont antiques. Il est assez inutile que le *Cicerone* vous le dise; car la mesquine et prétentieuse élégance de tout ce qui est moderne, faisant mieux ressortir toute la grandeur de ce qui est ancien, il est facile de se passer d'explications. On reconnaît aisément tout ce qui est empreint du génie d'un peuple roi, ne voulant élever que des monumens dignes de lui, et l'on sent, en parcourant ces lieux, la différence de travaux entrepris par l'amour de la gloire, et de ceux ordonnés par un indolent orgueil, et exécutés par des ouvriers âpres et sordides. Oh! ma tante, que je suis fâchée d'être née dans un temps où l'argent seul fait tout entreprendre, et où l'amour des arts est regardé comme une sottise, puisqu'il ne rapporte rien.

De toutes parts on bâtit en France; mais on construit pour soi : on ne songe qu'à placer ses fonds d'une manière avantageuse. Ce palais qui fixe vos regards parce qu'il offre à l'œil une colonnade légère, tombera peut-être avant l'homme qui l'a fait élever. Il ne restera rien de tous ces édifices où l'on prodigue les ornemens de plâtre et les bas-reliefs en pâtes. Dans un ou deux siècles au plus on cherchera ce qui, aujourd'hui, cause l'enthousiasme des Français, trop légers pour s'occuper de tous les monumens historiques dont on les prive; et dans trois cents ans, si nous revenions au monde, nous nous trouverions sans doute entourés de ruines, dont les plus complètes ne seraient pas les plus anciennes! Alors, comme aujourd'hui, les immenses et solides travaux des Romains seront encore sur pied, et les nôtres ne seront plus que de la poussière! Nos légions comme les leurs ont cependant étonné la terre par des exploits presque incroyables; nos généraux ont fait plus que leurs plus grands capitaines; mais hors les combats nous ne pouvons plus soutenir la comparaison, et c'est là ce qui me désole. Je voudrais en tout voir ma nation supérieure à ce qui a existé, et depuis que je suis dans cette ville je me désespère ne n'être *que* Française, et de n'avoir pas été Romaine. Ma tante et Sophia me trouvent folle, et je suis tentée d'être de leur avis; car mes idées sont devenues si exaltées et en même temps si confuses, que je ne sais vraiment ce que je deviendrai si cet état continue. Je ne suis pas fâchée cependant de cet enthousiasme peut-être exagéré, il me sort de mes tristes pensées, et mes regrets ridicules m'empêchent de songer autant à ceux qui ne sont malheureusement que trop fondés. Quelle triste extrémité de ne trouver d'adoucissement à un mal qu'en en éprouvant un autre ! Votre présence, celle de mes enfans, de mes amis, fera, j'espère, un miracle, et me rendra enfin raisonnable. Vous, si pure, si pieuse, devez tout obtenir de la Providence. Oh ! priez-la que le trouble de mon âme se dissipe, que je puisse jouir de toutes les faveurs qu'elle a bien voulu m'accorder, et dont je ne suis pas digne, puisque je gémis même en les possédant.

Adieu, ma bonne tante. Je voulais vous parler encore de plusieurs monumens célèbres, mais je suis fatiguée, et ne veux pas, d'ailleurs, retarder le départ de cette lettre qui doit vous porter une nouvelle assurance de ma vive tendresse.

Sophia n'est pas triste ; elle a un caractère d'une telle égalité qu'un chagrin qui lui est personnel ne change pas son inaltérable douceur. Que j'envie cette organisation toute anglaise ! Ma tante regrette M. de Pahren à toute minute ; il était tellement occupé de prévenir ses moindres désirs, qu'il lui manque réellement. Elle était habituée à faire avec lui sa partie, à l'écouter raconter ses voyages dont il parle avec agrément, et sans lui elle ne sait que devenir. La voyant plus triste que de coutume, je suis forcée de regretter aussi l'absence de cet homme ; cela est impatientant. Il revient après demain. La gaîté sera plus grande autour de moi ; mais je ne retrouverai en partie la mienne que près de vous. Adieu. Adieu.

LETTRE LVII.

LE Mis DE BLIGNY AU Cte DE PAHREN.

Voyage a Versailles. — La pauvre aveugle. — Mesdames Duroure, de Macnemara, de Caumont, de Chateaugiron, MM. de Saulty et Malitourne. — Histoire du diadême d'émeraudes de madame la comtesse Demidoff. — Gondoles. — M. Jolois, ingénieur. — Aventure scandaleuse.

Habitué comme je suis à vous faire part de tout ce qui m'arrive, mon cher comte, je ne puis résister à l'envie de vous raconter une aventure dont j'ai été le témoin et dont, sans trop de vanité, il n'eût peut-être tenu qu'à moi d'être le héros, si je n'avais été retenu par l'amour sincère que j'éprouve pour Alicie, et par les idées sérieuses que font naître en moi *les nœuds chers et sacrés* que je suis au moment de former. Dans toute autre circonstance j'aurais trouvé piquant de commencer, continuer et finir un joli petit roman dans l'espace de deux heures ; mais pénétré de la *sainteté de mes devoirs futurs*, ayant constamment devant les yeux l'image charmante de ma prétendue, j'ai, sans humeur, laissé à un autre la gloire d'une conquête que je ne pouvais entreprendre sans crime : voilà un préambule d'un style digne de ma raison actuelle ; il doit vous convaincre que je suis affermi dans la bonne route, et vous garantir la sincérité de mon repentir.

Vous savez que parmi mes nombreux défauts on n'a jamais pu compter l'hypocrisie, celui de tous que je méprise le plus. Lorsque j'étais mauvais sujet, je l'étais franchement ; ainsi donc, maintenant que je sers d'exemple aux jeunes gens par une sagesse digne de l'ancienne Grèce, vous ne me soupçonnerez pas de vous cacher quelque chose. Mes bonnes intentions m'abandonneraient, je redeviendrais ce que j'étais, même pour un quart d'heure, que je vous le dirais, certain que vous excuseriez une rechute précédant une entière guérison ; mais, je vous le répète, je n'ai aucun aveu fâcheux à vous faire, et je n'ai été que spectateur de l'amusante scène que je vais vous raconter.

Vous saurez donc que je partis hier matin pour Versailles. J'étais dans ma calèche, et ne pouvant être avec une personne qui pût me consoler de ne pas vous avoir pour compagnon de voyage, je voulus entreprendre le mien tout seul. Je me croyais obligé de faire une visite à madame la marquise Duroure. J'aurais cru manquer à ce que je dois à la mémoire de ma mère, en ne faisant pas part de mon mariage à une de ses plus chères amies. Elle est d'ailleurs si parfaitement aimable, que je n'avais aucun mérite à remplir un devoir dont je trouvais la récompense dans le plaisir de la plus spirituelle conversation. Je promis à mademoiselle de Vieville d'être de retour de bonne heure.

Rien de remarquable ne m'arrêta jusqu'à la montée de Sèvres, où je vis une pauvre jeune femme aveugle conduite par son vieux père. M'informant de la cause de son infirmité, j'appris qu'elle était une suite de couche. Pensant qu'un pareil malheur pourrait atteindre Alicie, je donnai ma bourse à cette infortunée ; mais je n'éprouvai pas cette fois le bonheur intérieur que l'on sent après une bonne action. Celle que je venais de faire me semblait intéressée, car c'était en quelque sorte une offrande offerte à Dieu pour obtenir de lui qu'un semblable événement ne pût frapper la femme qui m'intéresse, et qui probablement sera bientôt mère aussi. Je compris bien alors ces présens immenses offerts dans l'antiquité à de fausses divinités que l'on supposait avides de richesses; car sachant que la nôtre n'est touchée que de la sincérité des sentimens purs, j'aurais cependant dans ce moment donné ma fortune tout entière, si je l'eusse eue sur moi! Il ne me resta pas de quoi jeter une seule pièce de monnaie aux nombreux petits garçons, qui remplissaient ma voiture de bouquets lancés avec adresse. La pauvre aveugle avait absorbé toute ma pitié et mon argent.

J'arrivai assez triste à Versailles, et, après les premiers complimens d'usage, je demandai vivement à madame Duroure si les accidens étaient fréquens pour les femmes grosses ou en couches.

Voyant l'étonnement que lui causait cette

question faite avec anxiété, je me hâtai de lui dire que bientôt j'allais me marier à une personne que j'adorais, et que la crainte que me causait *l'aveugle de Sèvres*, empoisonnait déjà tous mes plans de bonheur. Madame Duroure, surprise de me voir réellement amoureux, voulut bien me rassurer, en me disant qu'avec des soins on n'avait rien de fâcheux à redouter; que les indigentes, manquant des choses les plus nécessaires, étaient sujettes à mille maux qui n'atteignent point les femmes de la société lorsqu'elles sont prudentes. Je respirai, et me promis intérieurement de mettre Alicie dans du coton, si je suis assez heureux pour qu'elle me rende père un jour.

Avec cette grâce que personne ne possède à un aussi haut degré qu'elle, madame Duroure parla du plaisir qu'elle aurait à recevoir madame de Bligny. Elle me donna de tendres conseils sur ce que je dois faire pour rendre heureuse la compagne que je me suis choisie. Si tous les jeunes gens qui vont se marier avaient un aussi aimable prédicateur, assurément nul ne s'écarterait des principes dictés par lui. Madame Duroure m'offrit à dîner, ce que j'acceptai avec l'empressement que je mettrai toujours à me rapprocher d'elle. Nous eûmes pour convive madame de Macnémara, veuve de l'ancien gouverneur des pages. Lorsque le bruit d'une meute tout entière qui la précédait permit enfin de causer, je lui trouvai tout l'esprit que l'on doit attendre de la fille naturelle du chevalier de Boufflers; il composa pour elle sa charmante chanson: *O toi qui n'eus jamais dû naître!*

Madame de Caumont, chanoinesse, était aussi des nôtres, ainsi que madame de Châteaugiron. La première joua du piano d'une manière supérieure; élève de madame de Montgiroult, elle la rappelle quelquefois. Quel éloge ajouter à celui-là ?*

Madame de Châteaugiron a ici une bonne maison; elle aime les arts et accueille tous ceux qui les cultivent avec une bienveillance qui les rend empressés de lui être agréables. On fait chez elle d'excellente musique; et j'ai fort regretté de ne pouvoir profiter de l'invitation

* Mademoiselle de Caumont fut fort aimée de l'impératrice Joséphine, qui la combla de bontés. Elle a été nommée chanoinesse depuis.

qu'elle a bien voulu m'adresser pour demain.

M. de Saulty est venu le soir faire une visite à madame Duroure. Il est l'artisan d'une immense fortune dont il fait le meilleur emploi. Il cause bien, parle de tout avec discernement; et, ce qui achève de le faire aimer, c'est qu'il est le meilleur des pères et des maris. Possesseur de la belle terre de *Baville*, il l'a embellie encore par des travaux continuels qui répandent l'aisance autour de lui; c'était le bon moyen de *continuer* M. de Malesherbes! les paysans peuvent croire qu'ils n'ont pas changé de maître.

La conversation fut fort animée, et j'entendis raconter plusieurs anecdotes fort piquantes par M. Malitourne; il m'a paru un homme d'un vrai mérite; il est oncle du jeune auteur du même nom, dont la réputation est déjà faite. Voici une histoire qui m'a frappé par le rang de son infâme héroïne; vous l'aurez peut-être connue dans vos nombreux voyages en Allemagne, où elle est retournée après son horrible aventure :

Madame la baronne de Schwickel, noble à tous les quartiers imaginables, avait peu de fortune; et cette raison fut précisément ce qui la fit rechercher par M. et madame Demidoff, couple si uni lorsqu'il s'agissait d'une bonne action. Ils attirèrent chez eux la baronne dont la figure douce et l'esprit agréable plurent d'autant plus qu'elle semblait ignorer ces avantages. Peu à peu l'intimité la plus grande s'établit entre madame Demidoff et elle. Des services importans lui furent rendus par son amie; et elle finit par quitter rarement l'hôtel, où elle était aussi libre que chez elle.

On y préparait un bal brillant; madame de Schwickel fut consultée sur la parure que devait choisir madame Demidoff, qui eut soin d'envoyer le matin tout ce qui pouvait embellir la jolie Allemande. La fête commença et fut remarquable par la foule qui remplissait de magnifiques salons élégamment ornés. Au milieu d'une walse, madame de Schwickel dit à son danseur que la chaleur l'incommodait, et elle passa un instant dans la chambre de madame Demidoff; peu de minutes de calme et d'une température modérée suffiraient, ajoutait-elle, pour la remettre. On voulut la suivre, elle refusa et se rendit seule dans le boudoir, où se trouvait l'immense écrin de son amie. Au bout d'un quart-d'heure elle rentra dans la salle du bal, se remit à danser, et partit l'une des dernières, après avoir promis de venir dîner le lendemain, afin de savoir si la fatigue n'avait point incommodé ses chers hôtes.

Madame Demidoff se déshabilla et dit à sa femme de chambre de serrer la belle parure de perles qu'elle venait de quitter ; celle-ci ouvre l'armoire renfermant les bijoux de sa maîtresse et fait un cri affreux en voyant vide la place où se trouvait le matin encore un diadême en émeraudes et diamans, estimé *cinq cent mille francs*. Madame Demidoff, s'apercevant que cette fille s'évanouit, s'approche d'elle pour la soutenir, et s'assure d'un coup-d'œil que la cause de cet état n'est que trop fâcheuse. Elle sonne avec violence ; les gens accourent et restent pétrifiés en apprenant que leur maîtresse a été volée. On va dire cette triste nouvelle à M. Demidoff qui arrive ; il fait plusieurs questions à tous les domestiques et n'obtient aucun renseignement qui le mette sur les traces du coupable. Il est positif que personne, excepté madame la baronne, n'est entré dans ce boudoir; la femme de chambre soutient que le diadême était dans l'armoire lorsqu'elle l'a ouverte pour y prendre les perles. Sa maîtresse l'a vu aussi, et cette malheureuse fille conjure qu'on la fasse arrêter, persuadée que toutes les recherches que l'on va faire feront découvrir son innocence. On envoie à la police, et la plus grande partie des gens de la maison sont mis en prison.

Vers dix heures, les nombreux amis de M. et madame Demidoff arrivent, et sont plus affligés qu'eux d'une perte si considérable. Madame de Schwickel est plus affectée encore que les autres, et s'écrie que l'on doit suivre cette affaire avec sévérité; que la trop grande confiance de son amie lui a fait prédire un événement semblable, et qu'il ne peut être attribué qu'à une de ses femmes. Elle conseille des mesures plus violentes les unes que les autres; et finit par annoncer qu'une lettre reçue à l'instant la force de partir pour l'Allemagne sous fort peu de jours, et qu'elle est désolée de quitter son amie dans un moment où il lui eût été si doux de lui prodiguer les consolations de l'amitié.

Madame Demidoff était en effet fort affligée;

non de la perte de ses diamans qui pouvait aisément être réparée avec une fortune comme la sienne, mais elle gémissait de l'arrestation de tant de gens, dont probablement un seul était coupable.

Le prince Georges de Galitzin, qui était présent à cette scène, connaissant les affaires de madame de Schwickel, et sachant qu'elle ne pouvait en avoir d'assez importantes pour s'éloigner si brusquement de Paris, fut surpris de l'acharnement qu'elle paraissait mettre à la poursuite du voleur; cette opposition avec son caractère ordinaire, lui fit concevoir le plus étrange soupçon qu'il communiqua aussitôt à M. et madame Demidoff, qui le repoussèrent avec indignation. Le prince, toujours occupé de cette idée, s'approcha de la baronne et lui demanda si elle ne pensait pas que tous les habitués de l'hôtel Demidoff devaient exiger une visite de la police chez eux; « car, ajouta-t-il, » le dessin des pierres de madame Demidoff » étant, depuis son arrivée à Paris, envoyé » chez tous les joailliers, elles ne peuvent se » vendre; et si, contre toute apparence, quel- » qu'un de la société s'est rendu coupable d'une

» action d'autant plus infâme qu'elle fait suspec-
». ter plusieurs innocens, on serait certain de
» retrouver ce magnifique diadême. » Il regardait fixement la baronne en prononçant ces mots : il crut la voir se troubler ; et, après s'être révoltée contre l'idée qu'une *personne bien née* pût voler, elle s'empressa de quitter le salon.

Le prince Georges n'eut plus de doute ; et, prenant à part le chef de la police qui recevait les dépositions, il lui dit tout bas ce qu'il pensait. Celui-ci ayant déjà su que madame de Schwickel avait été seule dans le boudoir, et que, fort liée dans la maison, elle savait où se cachait la clef de l'écrin, accueillit les soupçons du prince. Il alla trouver M. Demidoff, et le prévint qu'un de ses collègues viendrait dîner à l'hôtel sous un nom supposé, pour bien observer la baronne; qu'il était de son devoir de ne rien négliger pour découvrir la vérité ; que ne pouvant venir lui-même puisqu'il était connu de la baronne, il enverrait quelqu'un ayant une grande intelligence, et qu'il répondait de dire dès le même soir si le prince Georges se trompait ou non. M. Demidoff, forcé dans l'intérêt de tous de consentir à ce que l'on exigeait de lui, tout en repoussant plus que jamais la pensée d'une si criminelle action, consentit à recevoir chez lui ce singulier convive.

A six heures tout le monde étant rassemblé on se mit à table, et madame de Schwickel fut placée avec intention en face de l'espion déguisé. La conversation, comme vous le pensez, ne roula que sur le vol de la nuit, et madame la baronne répéta toujours : « Il est impossible que ce ne soit pas une des femmes. » — Mais, madame, personne n'a-t-il pu entrer dans ce boudoir, pendant le tumulte du bal? demanda d'un air indifférent l'exempt de police, en examinant tous les mouvemens de la dame. — Je ne le pense pas, répondit celle-ci en hésitant et reculant sa chaise promptement. Elle feignit de se trouver indisposée, et voulut sortir. — C'est singulier, observa le prince Georges de plus en plus convaincu, à quel point madame la baronne est devenue sujette aux éblouissemens. M. de T... m'a dit qu'en walsant avec elle hier elle en avait eu un très-violent, qui lui avait fait quitter le bal. — Me soupçonnez-vous donc, prince, de jouer la comédie? Et dans quel but? s'écria-t-elle en revenant sur ses pas. — Les femmes aiment les scènes, répondit en riant le prince, elles augmentent leurs moyens de séduction par l'intérêt que cause une santé délicate; et j'ai pu sans encourir votre disgrâce, vous supposer capable de cette petite coquetterie fort à la mode dans ce moment.

Madame de Schwickel, après avoir respiré un peu de vinaigre, se trouva en état de se remettre à table; mais elle pria qu'on ne parlât plus de l'affaire du diadême, ses nerfs étant trop délicats pour ne pas souffrir horriblement du chagrin de ses amis.

On passa dans le salon, et l'espion de police s'approchant de M. Demidoff l'assura que ses gens étaient soupçonnés à tort; que madame de Schwickel seule était coupable; qu'il fallait lui laisser sa sécurité en ne parlant plus du vol devant elle; qu'elle allait être entourée de gens qui connaîtraient toutes ses démarches, et que le diadême ne pouvant être vendu en France, on ne courait aucun risque à différer une arrestation nécessaire pour venger la société, en faisant chasser de son sein une personne indigne de s'y trouver. « Il y a demain un grand bal chez le maréchal Berthier, ajouta cet homme. Je viens d'apprendre à dîner que madame de Schwickel doit y aller avec madame Visconti. On suivra leur voiture, et au retour on montera chez madame de Schwickel fouiller son appartement où je suis certain que nous trouverons l'objet de nos recherches. J'ai trop d'habitude de ces sortes d'affaires pour me tromper. »

M. Demidoff, persuadé que le seul moyen de faire cesser les soupçons qui planaient sur madame la baronne était de consentir aux démarches proposées, donna son approbation. Il pria seulement que l'on n'en fît point part à sa femme, qui en serait très-affligée, dans le cas où, comme il le croyait, elles auraient pour résultat de disculper madame de Schwickel.

Le lendemain, cette dernière se rendit au bal du maréchal ; elle y dansa beaucoup, et ne rentra chez elle qu'à quatre heures du matin. A peine y était-elle que plusieurs hommes de la police sommèrent son domestique, au nom de la loi, d'ouvrir la porte. Il hésita ; mais sur la menace d'user de violence, il obéit ; on entra dans la chambre de la baronne qui n'était point encore déshabillée ; l'on s'excusa poliment de la soumettre à une mesure exercée chez toutes les personnes de la connaissance de madame Demidoff; et on la pria de vouloir bien donner ses clefs. Après s'être emportée contre une aussi odieuse injustice, elle ordonna à sa femme de chambre de tout ouvrir. On chercha partout; il ne restait plus que le secrétaire à fouiller. Madame de Schwickel, pâle comme la mort, déclara qu'il contenait des secrets dont une femme ne pouvait permettre à la police de s'instruire, et qu'elle aimait mieux mourir que de consentir à ce que ses papiers fussent vus. On lui donna l'assurance qu'on n'en lirait pas un; et le chef de la bande, prenant un ton d'autorité, déclara que de gré ou de force il fallait voir ce que contenait ce meuble. Plus il remarquait de trouble, plus il insistait; enfin, lassé de tant d'obstination, il commanda à ses gens de briser la serrure; et, liant madame de Schwickel à son lit, il examina le secrétaire, et trouva, sous un mouchoir, un grand verre d'eau-forte, dans lequel étaient toutes les émeraudes et les diamans démontés.

Madame de Schwickel s'était évanouie; on la porta dans cet état, et parée encore comme pour le bal, dans un fiacre qui la conduisit en prison. Elle avoua tout et déclara qu'elle avait, le jour du vol, attaché le diadème à sa jarretière, et qu'elle avait dansé toute la nuit pour ne pas donner de soupçon.....

Son procès s'instruisit; tout Paris eût voulu y assister; et l'indignation était à son comble. Elle fut condamnée à une détention perpétuelle. M. Demidoff, par égard pour une famille respectable et avec une générosité fort louable, obtint, en prodiguant l'or, l'élargissement de cette femme. Il la fit partir déguisée pour l'Allemagne. Elle y a vécu obscure sous un autre nom que le sien, jusqu'au moment où un homme immensément riche en est devenu amoureux fou, et l'a épousée!....

Est-il possible de supposer réunie tant de fausseté et de bassesse! Cette femme avait un frère aussi estimable qu'elle était vile; il s'est, dit-on, tué en apprenant cette affreuse histoire. Est-il croyable qu'il puisse y avoir tant de différence entre deux personnes du même sang?......... Revenons à moi.

Au moment où je me disposais à partir de Versailles, un violent orage se déclara; il menaçait d'être long; on voulut m'engager à rester. Pensant à l'inquiétude que je causerais à Paris, je me décidai à me mettre en route; mais la pluie était si forte que je ne pus me déterminer à y exposer mes gens. Je leur ordonnai de ne revenir que le lendemain, et je fis retenir une place dans la *Gondole*, voiture fort commode pour les bons bourgeois qui vont le dimanche faire une partie avec leur famille; c'est un vrai voyage pour un marchand parisien, que celui de Versailles. Cinq lieues! on y pense quinze jours d'avance; on fait emballer un bon pâté, une fricassée de poulets dans un pain, quelques bouteilles de vin, et l'on part gaiement pour aller voir autre chose que sa maison du faubourg, dont le modeste enclos, contenant deux rosiers, un lilas, un cerisier et quelques laitues, est bien vite parcouru. On quitte avec plaisir une fois par hasard la verte *gloriette* où, réuni à quelques voisins, on fait en riant sauter le bouchon d'une bouteille de bière pétillante, et l'on se promet de rendre compte de ce que l'on aura vu dans son excursion aux amis assez occupés pour ne pouvoir quitter la *capitale*. C'est pour ces bonnes gens une utile invention que ces grandes et douces voitures, dans lesquelles ils s'entassent en s'écriant bruyamment: «Plus on est de fous, plus on rit. » Et je vous avoue que je les préférerais à toute autre, si j'étais sûr d'y trouver toujours des aventures aussi plaisantes que celle que je vous ai promis de vous raconter. Lisez, et jugez si avec mon caractère j'ai dû m'amuser.

Nommé le premier par le commis chargé d'appeler les voyageurs, j'avais dérobé mon titre à l'honneur d'être ainsi proclamé. Je fus suivi de M. Jolois qui s'assit près de moi; je le reconnus pour un homme fort instruit, que j'avais rencontré chez M. le comte Auguste de Talleyrand; il est ingénieur en chef du département du Loiret. Je comptais causer avec lui, espérant apprendre plusieurs choses que j'ignore; mais la Providence, qui se joue de nos projets, s'opposa à mon instruction.

Une petite dame, d'une élégance de mauvais goût, se précipita dans la voiture en se plaignant avec colère d'un temps qui gâtait son chapeau; il me paraissait si laid que je ne pus m'attendrir sur son sort; un vieux monsieur souffrant vint ensuite; puis une autre dame fort simple dans sa mise, mais n'ayant pas l'air commun de la première arrivée. Un sixième voyageur manquait; on attendit deux minutes, et, lassé d'être mouillé jusqu'aux os, le conducteur fermait la portière en jurant, lorsqu'un grand jeune homme s'élança au milieu de nous, sans s'inquiéter s'il nous marchait sur les pieds ou non; mais, fort aise de retrouver l'élégante grondeuse, qui subitement prit un air riant, il se plaça devant elle sans façon, quoique cette place ne fût pas la sienne; voulant éviter une discussion dans une voiture publique, je ne la réclamai pas; jugeant d'ailleurs qu'il avait ses raisons pour être grossier, je me laissai, sans mot dire, pousser dans *le milieu*, et lui abandonnai le coin, objet de ses desirs. Aussitôt la conversation la plus animée s'établit, entre lui et la dame prétentieuse, avec une incroyable volubilité; elle lui apprit que son mari avait été avoué, qu'il se nommait ***, avait vendu sa charge pour lui plaire; qu'elle détestait la chicane, et s'ennuyait dans son beau logement du quartier Latin; que son époux, pour la satisfaire, avait loué un appartement dans la maison de l'un de nos plus féconds et de nos plus spirituels auteurs; et que, voulant visiter l'Italie, il avait quitté Paris; que, restée seule avec ses deux filles, elle s'ennuyait, et que, pour se dissiper, elle allait en Suisse passer quelque temps avec un frère qui y était établi; mais qu'en attendant elle venait toutes les semaines à Versailles.

Le jeune homme charmé d'une telle expansion ne voulut point être en reste. Il raconta à son tour qu'il habitait Paris; qu'il aimait cependant fort les beautés de la nature; qu'il avait parcouru la France, et comptait aller en Suisse pour la seconde fois; qu'ayant voyagé le matin avec madame ***, il avait eu le désir de jouir du même bonheur le soir, ce qui l'avait fait résister à des amis qui voulaient absolument le garder; qu'il s'était fait montrer les registres de la diligence pour savoir à quelle heure elle retournait à Paris, et que, dût-il disputer sa place à la pointe de l'épée, il était résolu à être près d'elle, puisqu'il n'avait pu y parvenir en venant à Versailles. Peu-à-peu ils s'animèrent tous deux au point de se faire des déclarations fort positives; elles étaient très-embarrassantes pour l'autre dame qui se trouvait avec nous, mais faisaient rire M. Jolois, le vieux monsieur et moi, ce dont nos amoureux impromptus ne s'aperçurent pas du tout, puisqu'ils continuèrent comme si nous n'étions pas là. Madame *** donna heure par heure le plan de ses journées; elle dit quelles étaient ses promenades favorites, déclara aller tous les soirs au théâtre de***; grâce aux billets d'auteurs donnés par son propriétaire, le jeune homme assura qu'il ne manquerait pas de profiter des découvertes qu'il venait de faire pour renouveler les instans fortunés qui s'étaient trop promptement écoulés; la dame minauda en déclarant qu'elle ne pouvait croire avoir produit une impression aussi vive en si peu de temps; nouvelles protestations de la part du jeune homme; pour leur donner plus de force il se saisit d'une main qui ne lui fut point retirée.

Dans ce moment nous entrions sous la voûte de l'hôtel des gondoles. Je vis le couple heureux s'acheminer bras dessus bras dessous. J'eus la tentation de le suivre; mais Alicie m'attendait, et voulant chasser promptement les réflexions morales qui se présentaient à mon esprit, je me hâtai de me rendre près de la femme si différente de celle que je venais de quitter, déplorant une légèreté si peu cachée, et qui eut pour témoin quatre étrangers *!

Convenez que ce pauvre mari a eu une fâcheuse idée d'aller admirer l'Italie. Il eût mieux fait de ne faire qu'un *voyage autour de sa chambre.* N'est-il pas effrayant de penser que dans peu de temps nous serons *maris* aussi? Non, puisque nous épousons Alicie et Sophia. Mais, mon ami, les femmes, les femmes! Cette

* Cette aventure scandaleuse est vraie dans tous ses détails; et c'est l'épouse d'un homme estimable, la mère de deux filles charmantes, qui en est l'héroïne!.. Puisse cet ouvrage tomber entre ses mains, et lui faire sentir tout ce que sa conduite a de criminel! Les vices cachés sont déjà fort coupables sans doute, mais ceux affichés ainsi sans aucune pudeur, sont sans excuse. Quatre personnes étrangères sont maîtresses des secrets de madame ***, et ne se souviendront de son nom que pour le citer avec mépris. Triste héritage pour ses enfans, qu'elle n'aura pas le droit de blâmer, s'ils suivent cet exemple dangereux! Il m'a été pénible de retracer une pareille scène; mais si ce récit peut empêcher que pareille chose se renouvelle, par l'indignation qu'il inspirera, j'aurai atteint le but que je me suis proposé en surmontant le dégoût que j'éprouvais à l'écrire.

maudite soirée m'a rendu toutes mes vilaines idées; il faudra plusieurs jours de la vue de l'hôtel Roseville pour les chasser de nouveau. Adieu, à bientôt, enfin.

Marquis DE BLIGNY.

LETTRE LVIII.

LE Cte DE PAHREN AU Mis DE BLIGNY.

Humeur de la comtesse de Roseville. — Départ pour Arles. — M. le baron Laugier de Chartrouse. — Concert d'amateurs. — M. le comte Isidore de Montlaur. — Il se marie. — Madame Aglaé de Saint-Cricq. — Son mari. — La belle manufacture de Creil. — Arènes d'Arles. — L'obélisque. — MM. Amédée Pichot, de Forbin, Vernet et Balthazar Sauvan. — Le prince de Talleyrand.

Arles.

Croyant m'apercevoir que ma présence n'était point agréable à Madame de Roseville, devenue d'une tristesse désespérante pour les personnes qui s'intéressent à elle, j'ai pris le parti de profiter de l'invitation obligeante que me fit, à Paris, M. le baron Laugier de Chartrouse, maire de cette ville, de venir la visiter;

et malgré le chagrin que j'éprouvais à m'éloigner de Sophia, je crus devoir ce sacrifice à son amie; elle m'avait fait entendre plusieurs fois, sans trop de ménagement, que je la gênais dans les excursions qu'elle voulait faire seule à Nîmes. Je lui offris souvent de l'accompagner, imaginant que je pourrais lui être utile pour les explications d'inscriptions latines; mais elle me répondit toujours qu'un homme ayant parcouru l'Italie, verrait sans doute avec pitié son enthousiasme pour les monumens romains, qui lui paraissent magnifiques; qu'ainsi elle me priait de la laisser courir à sa fantaisie. Son affectation à interpréter tout de travers mes intentions a fini par me donner de l'humeur, j'ai fait part de mon projet d'absence à Sophia; loin de chercher à me retenir, comme je m'y attendais, elle m'a encouragé à aller à Arles le plus tôt possible, et à n'en revenir que la veille du jour fixé pour notre départ pour Lyon.

Il y a, depuis quelque temps, dans la conduite de madame de Roseville, un embarras dont je ne puis deviner la cause et que Sophia connaît certainement, car lui en ayant dit un mot l'autre soir: « Plaignez madame de Roseville, m'a-

» t-elle répondu, mais ne l'accusez pas; et surtout
» ne me faites pas une seule question sur elle.
» Je ne veux ni ne peux vous rien dire à ce
» sujet. »

Nous approchons du moment où nos destinées vont être fixées suivant nos vœux, et cependant Sophia est plus grave que je ne l'ai vue jusqu'ici. Elle paraît ne me parler qu'à regret lorsque son amie est avec nous; et je ne la retrouve la même pour moi que quand nous sommes seuls ou avec madame de Granville. Vous qui vous piquez de tout deviner, mon cher marquis, vous seriez bien aimable de m'expliquer l'énigme de cette nouvelle manière d'être. J'avoue qu'ayant peu étudié les femmes, je ne sais à quelles conjectures m'arrêter sur le compte de celles qui m'entourent. Quelquefois je crains qu'une nouvelle délicatesse mal entendue ne porte Sophia à me fuir encore; mais un mot qu'elle me dit de son heureux avenir, me prouve qu'il dépend toujours de moi, ce que me confirme encore son doux regard. Enfin, le temps éclaircira ce mystère, et m'apprendra ce que je dois penser des caprices jusqu'ici inexplicables de la comtesse.

J'ai été parfaitement reçu par M. Laugier de Chartrouse*, qui possède ici une maison qui serait charmante, même à Paris; elle est arrangée avec le bon goût que l'on devait attendre d'un homme amateur très-éclairé des arts. Toutes les parties de cette agréable habitation sont tellement d'accord, qu'il serait impossible d'y rien changer sans nuire à l'ensemble. La fortune considérable de M. Laugier lui fait tenir un état que nul autre ne pourrait avoir; il n'inspire pas ces petites jalousies si fréquentes en province, parce que, loin de chercher à écraser ses compatriotes par un luxe qu'ils ne peuvent égaler, il est constamment occupé de ce qui leur est

---

* M. Laugier a de vastes connaissances en histoire naturelle. Son cabinet, l'un des plus beaux de Paris, reçoit la visite de tous les étrangers; et le propriétaire en fait les honneurs avec une complaisance extrême. Sa collection d'oiseaux est particulièrement remarquable. M. Laugier, pour en acquérir plusieurs qui lui manquaient, a fait différens voyages en pays étrangers : sa fortune lui permettant de grands sacrifices pour satisfaire son goût dominant, il est parvenu à réunir des espèces qui ne sont même pas au cabinet du jardin du roi.

utile ou agréable. Excellent musicien, il dirige de petits concerts dans lesquels on exécute bien la musique nouvelle qu'il fait venir de Paris. Parmi les amateurs que j'ai entendus, M. le comte Isidore de Montlaur m'a particulièrement fait plaisir; il a une jolie voix, et chante avec une méthode assez pure pour faire deviner, en l'écoutant, qu'il a reçu des leçons de Garat. Passionné pour un art dans lequel il prévoyait des succès, il se fit recevoir au Conservatoire, et devint en peu de temps l'élève favori du grand maître qui n'est point encore remplacé. Il est marié à une femme aimable qui lui a apporté de la fortune. Il vit habituellement dans une belle terre, mais quelquefois il fait de petits voyages à Arles et à Montpellier. Je me suis fort applaudi qu'il ait choisi le moment où j'ai pu le rencontrer. Je ne connais personne dont la société soit plus douce, et en même temps plus amusante; sa gaîté de bon goût, toujours naturelle, est communicative. Ses deux filles sont jolies, et remarquablement bien élevées.

J'ai retrouvé avec grand plaisir la toujours jolie madame de Saint-Cricq, modèle qu'il faudrait proposer à toutes les belles-mères. Les enfans d'un premier lit de son mari, ont dû se croire les siens, par les soins soutenus qu'elle leur a constamment prodigués; et si leur cœur ressemble à celui de leur père, ils doivent chérir celle qui remplaça si bien une tendresse qui s'égale rarement. M. de Saint-Cricq, frère du ministre, est ici aussi estimé qu'on puisse l'être; en voyant la manière dont il est aimé, il doit s'applaudir tous les jours davantage d'avoir négligé la carrière entraînante et dangereuse de l'ambition, pour suivre celle plus fatigante de l'industrie. Il a dirigé avec un vrai talent la manufacture de Creil, et il est parvenu à rendre nos terres de pipes aussi belles que celles d'Angleterre. Roi dans cet établissement, il a gouverné avec une paternité qui lui a valu l'attachement de tous ses ouvriers; la gloire d'avoir fait des découvertes utiles à son pays, vaut bien celle qu'il aurait peut-être vainement cherchée à la tribune.

C'est avec le plus vif intérêt que j'ai parcouru, avec M. Laugier, les arènes d'Arles, en partie déblayées; grâces à de longs et utiles sacrifices de mon hôte, elles sont aussi belles suivant moi que celles de Nîmes, il ne leur manque, pour avoir la même réputation, que d'être plus connues; et c'est ce qui arrivera, les étrangers se détournent déjà pour admirer ce magnifique monument, qui sort pour ainsi dire de terre, où il était presque oublié *. Il renferme ce que, jusqu'ici je crois, on n'a vu intact dans aucun autre cirque : les loges où étaient enfermées les bêtes féroces, et celles où les gladiateurs attendaient le moment d'être livrés à de cruels combats, regardés comme des jeux par un peuple aussi barbare qu'il était grand, et qui dans ces luttes meurtrières s'intéressait plus aux animaux qu'aux hommes. Jugés cou-

* Le prince de Talleyrand, et MM. de Forbin et Vernet ont été frappés de la beauté de ces ruines; ces derniers ont promis de les reproduire avec leurs pinceaux, ce qui achèvera de rendre ces lieux célèbres. M. Baltazar-Sauvan, si appréciateur de ce que les arts offrent à l'admiration publique, fait, dit-on, sur ces antiquités magnifiques, un ouvrage, qui ajoutera au désir que tout amateur aura de connaître ce qui a inspiré des pages si spirituelles. M. Amédée Pichot, qui a prouvé déjà comme il sait peindre avec sa plume, écrit aussi sur la ville d'Arles, où il est né.

pables, ceux-ci ne leur inspiraient plus de pitié, et méritaient à leurs yeux les plus affreux supplices, pour s'être rendus indignes du nom romain.

L'obélisque d'Arles et plusieurs autres fragmens antiques mériteraient une description détaillée. Je renonce à la tâche difficile pour moi, et facile pour les talens que je viens de vous citer, de vous faire connaître des beautés du premier ordre. J'ai seulement voulu, comme de coutume, vous initier à mes sensations, et vous consoler de notre séparation, en vous prouvant que je songe partout à mon meilleur ami.

P. S. Je pars demain pour retourner à Nîmes que je reverrai avec joie. Vous savez pourquoi. Malgré tout ce qu'on a fait ici pour m'amuser, j'ai senti qu'il est impossible de se plaire complètement loin de la femme que l'on aime. Voilà une véritable confession dont je rougirais comme d'une faiblesse, avec tout autre que vous; vous subissez le même joug, ce qui me rend confiant.

LETTRE LIX.

MADAME DORCY A MADAME DE ROSEVILLE.

CRAINTES ET CONSEILS DE MADAME DORCY. — EXCELLENT TON DES MARCHANDS. — MADAME BOURBONNE, LINGÈRE. — MM. LEFRANC ET HEMERY. — INEXACTITUDE A LA MODE. — NÉCESSITÉ D'ÊTRE RICHE POUR DONNER DES LEÇONS.

Vos dernières lettres, loin de charmer les tourmens de l'absence, ma chère Amélie, n'ont fait que les accroître, en me donnant la triste certitude que votre imagination continue à vous exagérer des maux qu'une volonté ferme eût pu détruire. Ils partent d'une idée totalement fausse que vous vous plaisez à nourrir au lieu de la combattre. Vous m'avez dit mille fois avec conviction que vous n'étiez pas née pour le bonheur; à la moindre contrariété vous vous plaigniez du malheur attaché à votre existence; et cependant vous n'avez pas eu de peine réelle jusqu'à la mort de votre époux. Votre désespoir dans cette occasion fut violent et juste, puisque vous perdiez un mari tendre et dévoué, et le bienfaiteur de votre famille ; mais vous vous trompiez, je vous le répète, en croyant être privée de l'objet de votre amour, ce sentiment était le seul que M. de Roseville ne vous inspirât pas, et votre imagination a encore, dans cette circonstance, pris la place de la vérité. Avec plus de calme dans les idées, vous eussiez pleuré l'ami, et non l'amant ; peu à peu votre douleur fût devenue paisible, sans être moins sincère, tandis que chaque jour semble l'accroître par le soin que vous prenez de vous persuader que votre âme est fermée pour toujours à la passion que vous vous imaginez avoir éprouvée. C'est en quelque sorte une sentinelle que vous placez pour vous défendre, et vous tâchez de conserver amer un souvenir qui ne devrait être que doux.

Croyez-en mon expérience, mon amie, c'est courir un véritable danger que de se faire ainsi des sentimens factices. Fatiguée de l'illusion dont vous faites seule les frais, vous trouverez sans le vouloir une réalité qui vous fera trop tard connaître votre erreur; vous verrez alors la différence énorme qui existe entre ce que dicte le cœur, ou ce que crée un esprit inquiet, mais il ne sera plus temps, votre sort sera décidé, et c'est alors que vous aurez raison de dire que votre destinée est de souffrir! Réfléchissez bien à ce que je viens de vous écrire après y avoir longuement pensé. Rendez-vous compte de tout ce que vous éprouvez, des contradictions de vos pensées, des inégalités de votre caractère, ordinairement si parfait, et devinez les craintes qui me poursuivent, que je ne veux pas vous exprimer, et cherchez à faire tout ce qui dépendra de vous pour les anéantir.

Quittons un sujet qui m'attriste malgré moi, et parlons des commissions que vous m'avez données relativement aux deux trousseaux de nos jeunes personnes; le moment de leur mariage s'approche, elles vous devront de voir leurs vœux exaucés; je conçois que vous preniez part aux moindres circonstances, et que vous vous amusiez de loin des détails relatifs aux présens qu'elles devront à votre générosité.

Mademoiselle de Vieville avec une bonté parfaite a voulu me suivre dans tous les magasins, et elle s'est étonnée des manières et du ton excellent des *marchands*. « De mon temps, di-
« sait-elle, avec une sorte de regret, cette classe
« de personnes était aisément distinguée de la
« nôtre par un langage vulgaire, des expressions
« triviales, et des gestes communs ; maintenant
« il faut être près de leur comptoir pour savoir
« qui elles sont, et la plupart ne seraient pas
« même déplacées à la cour. — Trouvez-vous
« donc malheureux ce perfectionnement d'édu-
« cation dans ceux avec lesquels vous avez de
« fréquentes relations? — Non, sans doute ; mais
« je pense que cette espèce d'égalité doit néces-
« sairement amener une fierté extrême chez les
« commerçans.—Eh bien! tant mieux puisqu'elle
« les préservera d'actions indignes d'elle. »

Mademoiselle de Vieville soupira en disant qu'au moins il devrait y avoir une différence dans la toilette de ces *gens-là*. Malgré ce petit mouvement d'humeur, elle fut fort polie avec vos différens fournisseurs, et particulièrement

contente de madame Bourbonne *, Lefranc **
et Hémery ***. Il est vrai qu'ils sont aussi remarquables par l'éducation qu'ils ont reçue,
que par leur probité et leur bon goût.

Une longue paix laissant disponible une
grande quantité de jeunes gens, doit nécessairement faire choisir à beaucoup d'entre eux
la carrière du commerce, puisque le nombre
des avocats, des médécins, etc., est immense ;
à moins d'avoir une fortune considérable, on
ne peut plus songer à être avoué, notaire, ou
agent de change, les charges ayant augmenté
de valeur d'une manière prodigieuse ; c'est sans
doute ce qui est cause que l'on trouve maintenant, dans les magasins, tant de commis s'exprimant bien, et d'une grande politesse, ce qui
n'était pas autrefois. C'est un bienfait de la révolution qui doit toucher les femmes pour
lesquelles il était odieux d'avoir toujours à
craindre la grossièreté, quand elles faisaient

---

* Lingère, boulevard des Italiens.

** Bijoutier, rue Taitbout.

*** Marchand de nouveautés, place de la Bourse.

elles-mêmes leurs emplettes. Les nôtres ont été suivant vos désirs, simples et nombreuses; et je pense que vous serez satisfaite en les examinant. Tout ce qui est destiné à Sophia est charmant.

Cette jeune personne, recueillie par vous qui êtes sa seconde mère, a dû surtout nous occuper, et j'ai cru suivre vos intentions en faisant plus pour elle que pour Alicie. Sans vous, cette infortunée eût succombé à la douleur et à la misère; elle vous doit tout, c'est-à-dire que vous l'aimez presqu'à l'égal de vos enfans! Les bienfaits attachent si tendrement celui qui les répand et celui qui les reçoit, que je suis persuadée que Sophia sacrifierait sans balancer son amour à sa bienfaitrice, si celle-ci pouvait être contrariée d'un bonheur qui la séparera de sa fille adoptive.

Je conçois que l'idée de quitter Sophia vous paraisse douloureuse; c'est elle qui peut-être vous donne ce redoublement de mélancolie dont vous vous plaignez, et qui vous a fait changer d'opinion sur M. de Pahren. Il veut rester en France; mais c'est un projet auquel il faut le faire renoncer. Son mariage, opposé aux désirs de sa famille, sera désapprouvé en Pologne; la vue de sa douce et belle compagne pourra seule le faire pardonner; ainsi vous devez exiger qu'aussitôt après qu'il sera conclu, les nouveaux époux aillent fléchir ce vieil oncle, qui n'aura rien de mieux à faire que d'ouvrir ses bras à son neveu et à sa nièce. Ne cédez pas sur cet article, ma chère Amélie, votre tranquillité à tous en dépend; en vous soumettant à la douce violence que vous imposeraient M. et madame de Pahren, vous vous exposeriez un jour à recevoir quelque reproche indirect sur ce que vous les auriez empêchés de remplir un devoir sacré; qu'ils partent donc, et le plus vite possible. Vous recueillerez plus tard le prix de ce pénible sacrifice, en les retrouvant empressés de vous rejoindre, et, plus heureux encore, rapportant la bénédiction d'un vieillard dont ils auront adouci la mort en lui fermant les yeux.

Madame Dercourt m'a recommandé vivement mademoiselle Rivois, venant d'Amboise, près d'une tante chez laquelle elle doit finir son éducation. On veut lui donner les meilleurs maîtres; j'ai donc indiqué ceux de vos enfans, qui ont été agréés. Je suis chargée de toucher tous les mois, chez un banquier, la somme nécessaire pour payer les leçons. La mode de n'être pas exact avec ses professeurs n'a point encore pénétré dans la province ; on y a la simplicité de croire que pour se donner l'ennui d'enseigner, il faut n'avoir pas de fortune ; et que conséquemment on a besoin de toucher régulièrement une rente si chèrement achetée. Il n'en n'est pas ainsi à Paris où l'on paye quand on n'a rien de mieux à faire ; aussi faudra-t-il bientôt avoir vingt mille livres de rente pour prendre la plus fatigante des professions.

Madame Dercourt me mande que sa fille est très-heureuse ; que son gendre est le meilleur des hommes, et que, sans en avoir l'air, il est un excellent instituteur qui rendra sa petite femme aussi bonne et douce qu'elle est spirituelle.

M. de Bligny, toujours plus amoureux, est complètement revenu de ses erreurs. Il sent très-bien le bonheur d'un intérieur agréable, et cherche tous les moyens de plaire à Alicie. Celle-ci est devenue plus aimable encore, elle ne songe qu'au fortuné moment qui vous ramènera au milieu des heureux que vous aurez faits. Moi seule, chère Amélie, redoute votre retour, par la crainte de voir ma fille vous aimer mieux que moi. Je m'en vengerai sur les vôtres et je les chérirai autant que la mienne; je vous préviens que je commence ma vengeance par anticipation.

Caroline Dorcy.

LETTRE LX.

LA COMTESSE DE ROSEVILLE A M.ᵐᵉ DORCY.

Reproches qu'elle lui adresse. — La porte d'Auguste a Nîmes. — Le petit mendiant et son singe. — Le vieux soldat. — Son histoire. — Beau trait d'un enfant de huit ans. — Présent singulier offert par la reconnaissance. — Le pont du Gard. — Mastic des Romains retrouvé a Bordeaux. — Coucher du soleil. — Fête d'un village qui amène un accident. — Frayeur des paysans qui croient voir le diable. — Manufactures de Lyon.

Lyon.

Je trouve ici une lettre de vous qui me cause autant d'étonnement que de douleur, ma chère Caroline ; vous employez avec moi un ton sévère auquel je ne suis point habituée, et qui achève de porter dans mon cœur le découragement. Qu'ai-je donc fait pour que vous cherchiez à me faire peur sur ce qui s'y passe? En quoi suis-je coupable de ne pouvoir souffrir un homme qui me rappèle à chaque instant un bonheur détruit sans retour? Est-ce ma faute si je ne puis maîtriser cette déplaisance peut-être injuste? et dois-je pour un étranger me voir grondée par vous qui m'êtes si chère? Quel est donc l'ascendant de M. de Pahren? Même sans le connaître c'est lui que l'on défend, et moi que l'on accuse! Ma tante et ma meilleure amie semblent s'entendre pour le protéger et m'accabler; et c'est d'où devraient venir mes consolations que partent mes plus violens chagrins! Je suis bien à plaindre de ne pouvoir vous persuader que rien en moi n'est *factice*. Je vous dis tout ce que j'éprouve; et, loin de chercher à m'effrayer davantage sur l'avenir déjà si affreux à mes yeux, votre attachement devrait trouver des raisons de me le faire envisager avec moins d'effroi. Plus je réfléchis à votre singulière lettre, moins je la comprends; rien n'est imaginaire dans le malheur de mon sort; à vingt-deux ans je n'ai plus de soutien, d'appui; j'ai perdu mon mari, mon amant, mon conseil, en perdant Edouard. Voilà un fait certain que votre éloquence ne peut contredire, et qui suffit pour me faire haïr une existence isolée. Mes tantes sont trop âgées, mes filles trop jeunes pour partager mes idées. Aussi ne leur confierai-je point mes sentimens. Vous même, Caroline, ne les concevez plus; et j'ai eu tort de penser que vous sentiez tout ce que je vous peignais avec abandon dans ma correspondance. Votre froideur habituelle vous a empêchée de connaître l'amour; vous me soutenez que je l'ignore encore; et moi je vous proteste que j'en ai connu le charme, et qu'il ne me reste plus qu'à supporter tout ce qu'il a d'amer. Ne parlons plus de ce que je souffre, il m'est trop pénible de ne pas être comprise par vous. Jusqu'à l'heureux moment qui nous réunira, je ne vous écrirai plus que pour vous faire le journal de mon voyage; celui de mes affections est inintelligible pour qui n'a point aimé comme moi, ainsi il faut y renoncer; c'est un surcroît de peine, mais quand on en est si accablée, une de plus ou de moins n'est pas une affaire.

La veille de mon départ de Nîmes, j'étais seule avec une servante d'auberge, près de la *Porte d'Auguste*, monument intéressant, puisqu'il assigne d'une manière positive le temps où l'enceinte régulière de cette ville existait; la *Tour-Magne* en faisait partie. Je considérais attentivement les entailles faites sur la frise pour recevoir des lettres et quelques restes de sculptures, lorsque je me sentis doucement tirée par ma robe. Je me retourne et vois un joli petit garçon me demandant l'aumône les larmes aux yeux, tout en faisant faire mille gambades à un charmant singe qui lui obéissait avec une rare intelligence. Je questionnai cet enfant, dont la physionomie expressive m'intéressa. Il m'apprit qu'il était le fils d'un ancien soldat qui venait de perdre la vue à la suite d'une longue maladie; que, ne sachant comment faire pour gagner de quoi vivre, maintenant que son vieux père ne pouvait aller en journée, il avait imaginé de faire danser son singe devant les voyageurs nombreux qui visitent la ville, et qu'avec bien de la peine il parvenait ainsi à procurer à peu près tout ce qui était nécessaire à son père. « Il mange souvent

» de la soupe lui, ajouta-t-il, et, pour qu'il ne
» veuille pas la partager avec moi, je lui per-
» suade que j'en ai aussi, et je dévore mon
» pain avec plaisir, en songeant que mon père
» a autre chose : je bénis presque la perte de
» ses yeux qui me permet de le tromper ainsi. »

Je fus attendrie de la simplicité avec laquelle cet enfant me racontait sa noble conduite; mais, craignant cependant quelque imposture, je voulus, avant d'exécuter ce que je me proposais de faire pour lui, voir par moi-même ce vieillard inspirant un si tendre attachement, et je demandai au petit garçon de me conduire chez lui. Il me dit que c'était loin et qu'il logeait bien haut. J'insistai; alors il se mit à marcher devant moi avec rapidité; il se retournait souvent pour me dire combien il était heureux de m'avoir rencontrée, parce qu'il était sûr que dès que je verrais son père, je l'aimerais; que j'avais l'air d'être très-bonne; que certainement je ferais du bien à un soldat qui avait servi son pays avec valeur; il embrassait son singe, il sautait, riait; enfin sa joie était si naturelle, que, dès-lors, mes soupçons sur sa franchise s'évanouirent entièrement, et je me décidai de plus en plus à lui être utile.

La servante qui m'accompagnait me certifia la vérité du récit de *Louis*, connu dans toute la ville, et recevant partout l'approbation que mérite sa conduite, mais peu de secours, ne voulant quitter son père que quelques heures. Dès qu'il a gagné la nourriture de la journée, il retourne vite près de son cher malade, sa prévoyance ne va pas plus loin que les besoins du moment.

Nous arrivâmes enfin à la porte d'une maison de chétive apparence, située dans une des rues les plus étroites de Nîmes, ce qui n'est pas peu dire; mon petit ami grimpa avec légèreté quatre étages d'un escalier raide et noir, que je montais très-lentement, craignant à tout instant de me casser le cou. Je n'arrivai que quelques minutes après lui; elles avaient été suffisantes pour que ma visite fût annoncée. J'entrai dans une grande chambre ayant pour tous meubles un lit assez propre, un fauteuil de vieille tapisserie, une escabelle de bois, une petite table, et une paillasse placée dans un coin. Le soldat était debout, appuyé sur son fils. Je fus frappée de l'aspect vénérable de cet homme. Sa taille était haute, courbée par les souffrances plus que par l'âge; ses yeux ouverts n'avaient rien de repoussant, et son imposant visage, ombragé d'une longue chevelure entièrement blanchie avant le temps, portait une profonde cicatrice qui attestait sa bravoure. Il était vêtu d'une vieille redingote d'uniforme, bien râpée, sur la manche de laquelle il existait encore des vestiges de chevrons. Il me parla avec sensibilité de sa position, et surtout de ce qu'il devait à un enfant de huit ans. Il me conjura de croire que ce n'était pas par paresse qu'il était forcé de vivre des secours de la charité publique.

« Ma femme est morte, il y a quatre ans, à
» la suite d'une douloureuse maladie, madame.
» Le chagrin que j'éprouvai altéra ma santé; je
» résistai tant que je pus, et continuai d'aller
» travailler aux fouilles ordonnées par le gou-
» vernement; enfin le mal devint plus fort en-
» core que mon courage; je fus forcé de garder
» le lit. Le docteur S***, touché de ma situation,
» me prodigua les plus tendres soins; il me

» guérit, mais ne put prévenir une goutte se-
» reine qui vint achever mes malheurs. Mon
» pauvre petit *Louis* manquait de tout; il se
» désolait de ne pas être assez fort pour travail-
» ler à ma place. Le bon docteur avait un singe
» auquel il tenait beaucoup, ce qui ne l'empê-
» cha pas de le donner à mon fils, en lui ordon-
» nant de cultiver les talens de cet intelligent
» animal, qui deviendraient pour nous une utile
» ressource. Je voulus m'opposer à ce présent,
» mais notre bienfaiteur insista, et *Cocotte* vint
» augmenter notre petit ménage. Grâce à elle,
» nous vivons bien. » (Ici Auguste me fit le
signe du silence.) Je compris qu'il fallait cacher le sacrifice de ce généreux enfant.

« — Vous avez plusieurs blessures? — Oui,
» madame, et c'est pourquoi j'ai quitté de
» bonne heure le service; mais ce n'est pas là
» mon plus grand malheur: tant que mon ca-
» pitaine a vécu, j'ai touché une petite pension
» que je devais à sa bonté, et qui, jointe à mon
» industrie, me mettait à l'aise. Mon bienfai-
» teur est mort; il ne parlait pas de ce qu'il
» faisait dans ce genre; ses héritiers l'auront
» ignoré ou n'auront pas voulu l'imiter. —Où

» habite la famille de votre capitaine ? — A
» Paris, madame; elle est riche, bien riche.
» — Eh bien, dites-moi son nom; je vous pro-
» mets de la voir et d'obtenir pour vous au
» moins une partie de ce que vous receviez. —
» Oh! madame, mon capitaine me connaissait ;
» il m'avait vu au feu; il était venu me voir à
» l'hôpital lorsque je fus blessé; mais sa jeune
» femme ne peut s'intéresser à moi ; d'ailleurs,
» livrée au plaisir, elle n'aurait pas le temps
» de songer à un pauvre soldat retiré; ainsi ce
» serait prendre une peine inutile que d'aller
» solliciter madame de Roseville. — Madame
» de Roseville ! m'écriai-je vivement; quoi !
» votre capitaine était Édouard de Roseville?
» — Oui, madame. — Oh! Providence, c'est toi
» qui m'as amenée ici. Rassurez-vous, brave
» homme, je suis la femme de votre capitaine.
» C'est en m'épousant qu'il donna sa démission;
» il m'a en effet caché tout le bien qu'il faisait;
» mais je suis coupable de n'avoir pas pris à cet
» égard tous les renseignemens imaginables. Je
» dois, pour me raccommoder avec moi-même,
» réparer une si funeste étourderie en acquit-
» tant une des dettes sacrées de cet héritage. »

Le vieillard, les mains jointes, levant vers le ciel des yeux qui ne le voyaient plus, était si pénétré qu'il ne me répondit rien ; sa figure parlait pour lui, et je vis se peindre sur ses traits flétris tout ce que la reconnaissance a de plus passionné. Louis se mit à danser autour de moi en criant comme un fou : « *Quel bon-* » *heur ! mon père aura du feu cet hiver.* » Ce qui me prouva que l'infortuné en était privé depuis long-temps.

Je laissai quelques louis au sergent Lapierre, et revins promptement à l'hôtel. Je chargeai l'hôte de me trouver, dans un quartier aéré, une *bonne chambre à cheminée* avec une petite cuisine et un grand cabinet ; de faire meubler le tout proprement et commodément, et de choisir une femme attentive, qui pût soigner un vieillard. Dès le même jour, j'eus le bonheur d'y installer mes nouveaux amis. Jamais soirée ne s'écoula aussi rapidement que celle que je passai avec eux dans leur nouveau domicile. Nous ne parlâmes que d'Édouard, et j'appris mille traits nouveaux de son excellent cœur, qui ne me surprirent pas, mais augmentèrent encore mes regrets, s'il est possible.

Ma tante et Sophia, inquiètes de ne pas me voir rentrée à huit heures, puisque j'étais ressortie immédiatement après dîner, et m'ayant aperçue causant dans la cour avec le maître de l'hôtel, le firent monter et le questionnèrent tant, qu'il dit tout ce qu'il savait.

Madame de Granville, toujours bonne, voulut coopérer au bonheur du protégé de son neveu, et, s'emparant du bras du comte de Pahren, elle se fit conduire où j'étais. Jugez de mon étonnement en la voyant entrer ainsi escortée et suivie de Sophia, portant un paquet de linge pour *Lapierre* et son fils! Dans ce moment de joie, j'embrassai tout le monde, et je me trouvais réellement heureuse. Cet instant de jouissance ne dura guère : ce fut M. de Pahren qui le fit cesser. « Que madame de Ro-
» seville est belle ce soir! regardez-la, madame,
» dit-il à ma tante, et voyez si vous devez être
» inquiète de sa santé ! »

Un compliment sur ma figure me parut si déplacé, lorsqu'il ne fallait s'occuper que de ce bon vieillard, qu'il me donna une véritable humeur. Pour la dissiper, il ne fallut rien moins que le récit que recommença *Lapierre*. Il faisait l'éloge du plus généreux des hommes; on y applaudissait; je renchérissais sur tous, et je repris ma tranquillité.

M. de Pahren se chargea d'aller chez un notaire faire dresser l'acte qui assurait huit cents livres de rente viagère à *Lapierre*, reversibles sur son fils. Avec de l'argent on obtient promptement ce que l'on veut; aussi, à dix heures, M. de Pahren revint avec le papier que je devais signer; il en remit un autre à *Louis*: c'était la donation d'une somme déposée chez le notaire, par M. de Pahren, pour subvenir aux frais de l'éducation de cet enfant.

Je n'essaierai pas, ma chère amie, de vous peindre la joie qui régnait dans ce petit logement où nous étions si bien, que nous ne songions pas à regagner l'hôtel. Je m'aperçus cependant que *Lapierre* était fatigué par tant d'émotions accumulées, et je donnai enfin le signal du départ. J'annonçai que nous quittions Nîmes le lendemain soir, voulant voyager la nuit pour éviter la chaleur, qui fait mal à ma tante.

Lapierre et son fils me demandèrent la permission de nous faire leurs adieux. Ma tante prit la parole pour les engager à venir dîner avec nous; craignant qu'une telle familiarité ne déplût à M. de Pahren, elle s'empressa d'ajouter que c'était pour parler plus long-temps d'Édouard. Le comte lui répondit qu'un brave soldat devait être bien reçu partout, et nous quittâmes celui-ci au comble du bonheur.

Sophia et moi ne cessâmes de nous entretenir de tout ce qui venait de se passer; son âme franche et pure lui dicta dans cette occasion ce que vous pouvez vous imaginer de plus touchant, et elle trouva le moyen de me reparler de ce que j'avais fait pour elle, sans que je pusse me fâcher de lui voir enfreindre à cet égard la défense que je lui avais faite; elle ne m'entretint du service rendu que pour m'exprimer l'attachement accordé en retour; et ce fut avec une expression si vraie, que j'en fus plus touchée que jamais. Je lui renouvelai, du fond du cœur, le serment d'être toujours sa seconde mère, et rien au monde ne pourrait m'y faire manquer.

Le lendemain, à quatre heures, *Lapierre* et *Louis* arrivèrent. Ils étaient mis avec la plus grande propreté; le dernier tenait un joli pa-

nier couvert. Je lui demandai ce qu'il contenait : « C'est, me répondit-il, l'hommage de la
» plus vive reconnaissance. Si nous avions quel-
» que chose de plus précieux à vous offrir,
» nous l'eussions fait, madame; mais..... » Des
larmes l'empêchèrent de continuer. Je compris
ce qui les faisait couler, en voyant tirer du panier *Cocotte*, parée d'une petite chaîne d'argent
tenant à un collier, sur lequel était écrit : *A
notre bienfaitrice.*

Je voulus refuser ce présent, mais il n'y eut
pas moyen. « Elle nous est inutile maintenant,
» madame, me dit *Lapierre* avec attendrisse-
» ment; votre bonté l'a plus que remplacée :
» emportez-la. Elle est douce, gentille, et vous
» rappellera deux êtres qui songeront à vous
» dans tous les instans, et béniront celui où ils
» vous rencontrèrent. »

Il fallut accepter *Cocotte*, qui amusait beaucoup ma tante, et qui, fort peu farouche, paraissait déjà accoutumée à nous. A six heures
les chevaux de poste arrivèrent; nous montâmes
en voiture, après avoir reçu les témoignages
de regrets les plus touchans de *Lapierre* et de
son fils. « Adieu, madame, adieu, *Cocotte!* »

cria ce dernier en s'enfuyant à toutes jambes, pour cacher ses pleurs, laissant son vieux père avec sa servante.

Ce pauvre enfant souffrait de quitter sa petite compagne, et j'avais de la peine à l'en priver; mais elle me rappellera tant de doux souvenirs, qu'elle me consolera souvent. Elle est confiée au valet-de-chambre de M. de Pahren, qui en aura grand soin pendant la route.

Voilà un long détail qui vous plaira, puisqu'il vous prouvera que j'ai eu quelques instans de bonheur. Je vous dois maintenant le récit d'un accident qui eût pu avoir des suites fâcheuses, et qui n'en a pas eu d'autres qu'un bon rhume de cerveau pour moi; je ne dois en accuser que mon entêtement ordinaire; ainsi je ne puis m'en plaindre..

Nous admirâmes en passant le *pont du Gard*, qui n'a pas d'égal au monde. Bâti entièrement en pierres de tailles, ses trois rangs d'arcades lui donnent cependant à l'œil l'apparence de la plus hardie légèreté. Il fut construit pour conduire à Nîmes les eaux des fontaines d'*Eure* et d'*Airan*. L'aqueduc, dans lequel un homme peut tenir debout, est revêtu intérieurement d'un mastic extrêmement dur, dont la composition était perdue *, et qu'un architecte d'un grand talent nous a rendu.

Du temps des Romains, on ne passait point sur le pont du Gard ; ce ne fut qu'au commencement du dix-septième siècle que l'on voulut l'utiliser, en l'employant au passage des piétons et des cavaliers. On échancra, en conséquence, de près de moitié, les piles du second rang, en pratiquant à côté des encorbeillemens bordés de garde-fous ; ce qui ébranla le monument et le fit sensiblement pencher de ce même côté. Le résultat de cette opération est encore très-apparent, quoiqu'on ait cherché à réparer ces échancrures lorsqu'on éleva le pont moderne, sur lequel passe la route de Paris, et dont la fondation date de 1743.

Nous eûmes le magnifique spectacle du coucher du soleil, dont les rayons pourprés passaient en traits de feu au travers de ces trois rangs

---

* Pour construire le beau pont de Bordeaux, on a imaginé de mêler le limon de la Gironde avec du plâtre, ce qui a produit exactement le mastic des Romains. Il se durcit au soleil et surpasse en solidité tous les autres.

d'arcades majestueuses, et allaient s'éteindre en pâlissant dans les flots argentés de la petite rivière du *Gardon*, beaucoup trop humble pour le luxe d'architecture qui la domine. Nous continuâmes à voyager toute la nuit.

Arrivés à un village dont c'était la fête, nous eûmes avec la plus grande peine des postillons, tous enivrés par le plaisir de la danse, ou par l'excellent vin de pays dont ils avaient accompagné leurs chants joyeux. Ma tante extrêmement peureuse voulait coucher à la poste ; mais j'insistai tant sur les inconvéniens d'une mauvaise auberge, qu'elle se résigna, et consentit à partir.

A deux lieues de ce village, un postillon, probablement endormi, nous versa dans un fossé assez profond. Un cri épouvantable et le choc de la voiture firent arrêter les chevaux, et la cessation de mouvement tira nos imprudens conducteurs de leur profond sommeil. Nous nous tâtâmes tous, et, certains que nous n'avions aucun mal, nous ne cherchâmes plus qu'à sortir de la position pénible dans laquelle nous nous trouvions. Nos gens venant derrière nous, dans la calèche de M. de Pahren, vinrent nous aider, et, après mille peines, nous parvînmes à nous tirer de la voiture. Il fut impossible de la relever sans le secours de plusieurs hommes de plus. Les postillons, honteux et chagrins d'un accident entièrement causé par eux, offrirent d'aller avec des chevaux chercher du renfort à la ferme prochaine, encore assez éloignée de l'endroit où nous nous trouvions, c'était le seul parti à prendre; mais il était d'autant plus désagréable d'attendre là, qu'un orage violent s'était déclaré, et que des coups de tonnerre fréquens étaient accompagnés d'une petite pluie fine qui ne discontinuait point.

J'établis ma tante, Sophia et la vieille femme de chambre dans la calèche du comte, et je restai dans une prairie bordant la route, assise sur les coussins de la voiture, entortillée dans le manteau du domestique, et abritée par son énorme parapluie dont très-heureusement, en vrai Parisien, il ne se sépare jamais. Ma tante me pressait de me mettre aussi dans la calèche; mais comme on n'eût pas alors pu fermer le tablier, je me sacrifiai héroïquement, et m'obstinai à ne pas sortir de dessous mon bourgeois abri. Je n'étais pas fâchée d'ailleurs d'échapper aux lamentations de madame de Grandville et de sa confidente toujours empressée d'être de l'avis de sa maîtresse ; et j'admirais le ciel roulant avec bruit les nuages légers, sillonnés instantanément par la foudre.

Au bout d'une heure d'attente, nos gens revinrent avec des cordes, des hommes et des mulets, et après quelques efforts parvinrent à relever le landau ; l'un d'eux s'approcha de moi pour m'annoncer cette nouvelle, mais à peine eut-il fait quelques pas, que je l'entendis pousser un cri de frayeur, et fuir avec rapidité en criant : *C'est le diable !* Un de ses compagnons voulut vainement l'arrêter dans sa course en se moquant de sa terreur ; il s'approcha d'un air déterminé, mais au bout de quelques pas il fit comme son camarade, et s'éloigna plus précipitamment encore, en s'écriant aussi : *Oui, c'est le diable !*

Je ne concevais rien au trouble de ces bonnes gens. M. de Pahren m'en apprit la cause, en prenant dans ses bras ma pauvre *Cocotte*, qui, attachée à un arbre et effrayée de tout ce mouvement et de l'orage, sautait sur les épaules de ceux qui s'approchaient d'elle, pour se cacher dans leurs habits. Les éclairs frappant sur sa bizarre figure, qui faisait mille grimaces, effrayèrent extrêmement les paysans. Ils sont encore, dans le midi, crédules et superstitieux à l'excès ; aussi pensèrent-ils plutôt à satan qu'à un singe. Après avoir ri avec eux de cette petite scène, nous les payâmes bien, et comme rien n'était cassé à la voiture, nous y remontâmes. Nous n'avons éprouvé aucun événement jusqu'à Lyon, d'où je vous écris.

Nous logeons à l'hôtel de Provence, où nous sommes à merveille. Demain je parcourrai la ville, je compte visiter quelques manufactures de soieries, source de gloire et de richesse pour les Français, qui ne connaissent point de rivaux dans cette branche d'industrie. J'ai voulu vous écrire avant tout ; en prenant la plume, je comptais vous quitter après vous avoir bien grondée, mais c'eût été me faire plus de mal qu'à vous, aussi ai-je renoncé à ce projet ; j'ai trouvé plus commode de me livrer au penchant irrésistible qui m'entraîne à vous faire part de tout ce qui m'intéresse. Soyez sûre cependant que je suis furieuse contre vous, et que si je vous aime toujours tendrement, c'est qu'il m'est absolument impossible de faire autrement. L'habitude est une cruelle chose !

Comtesse de ROSEVILLE.

LETTRE LXI.

ALICIE DORCY A Mme DURAND.

Caveaux de l'église de Sainte-Geneviève servant de sépulture aux anciens sénateurs. — Tombeau du duc de Montebello. — Ceux de Voltaire et de Rousseau. — Cimetière du Père Lachaise. — Son peu de solennité. — Monumens de madame Demidoff, des maréchaux Masséna, Pérignon et Lefebvre, des comtes de Valence et Foy. — Négligence impardonnable. — Mademoiselle Augustine Leroy. — M. Hollier. — Portrait de Talma. — Jardin du roi. — Ménagerie. — Cabinet d'histoire naturelle.

Nous attendons madame de Roseville dans peu de jours, ma chère Zoé, c'est vous dire combien nous sommes occupées des préparatifs de deux noces qu'elle veut voir célébrer aussitôt son retour, et ce qui vous expliquera ce qui m'a empêchée de vous écrire plus tôt comme j'en avais l'intention. Je suis bien malgré moi distraite à tout instant par une couturière, un marchand, ou mes petites élèves, ravies de tout le mouvement qui a lieu autour d'elles. Lorsque, par hasard, nous avons quelques momens de calme, nous les consacrons à étudier des morceaux pour *surprendre* madame de Roseville, à finir de grandes têtes, qui doivent lui être offertes par ses filles, et enfin à apprendre des vers composés pour son arrivée; le soir M. de Bligny, anticipant sur ses droits, exige que je ne quitte pas le salon, et je suis déjà assez soumise pour lui obéir sans humeur; joignez à cela quelques courses dans Paris pour me faire connaître ce qu'il offre de remarquable, et vous serez à concevoir que je puisse suffire à tout.

Hier nous avons visité, avec un grand intérêt, plusieurs monumens. Ce qui m'a frappée le plus sont les caveaux de Sainte-Geneviève, qui servent de sépulture à un grand nombre d'anciens sénateurs. Il y a quelque chose de très-solennel à se trouver seulement séparé par une pierre de tant de Français distingués par des genres de mérites différens, et tous dévoués à leur pays. Près du fougueux guerrier se trouve le froid géomètre ; à quelques pas du législateur habile se remarque l'adroit diplomate ; enfin toutes les gloires se réunissent dans ce lieu, d'autant plus imposant que le silence de la mort n'y est interrompu par aucun bruit, et que l'œil ne peut s'y arrêter que sur des tombes !... Tout invite au respect, commandé par tant de souvenirs qui se retracent vivement à l'imagination en parcourant cette muette galerie. Je regrette que des mesures de salubrité fassent transporter maintenant dans des cimetières les restes précieux des hommes qui honorèrent la France par leurs exploits ou leurs talens.

J'ai été surprise de voir, au milieu de l'un de ces caveaux, un sarcophage en *bois peint*, élevé sur plusieurs marches. Je questionnai le gardien, qui me répondit que c'était là qu'avait été déposé le duc de Montébello ; que Napoléon avait donné le dessin de ce tombeau qui devait être exécuté en marbre ; mais que les événemens s'étant succédés avec rapidité, on avait apparemment *oublié* de suivre ce projet.

Comment le gouvernement actuel n'a-t-il pas acquitté, envers ce grand capitaine, la dette de la nation?... et comment sa famille n'a-t-elle pas obtenu la permission de remplacer, d'une manière convenable, ce qui représente une décoration d'Opéra bien plus qu'un monument funèbre?...

Voltaire et Rousseau, si divisés pendant leur vie, sont à présent dans le même caveau, attenant à ceux des sénateurs; leur génie également marquant les a réunis : c'est que les passions se taisent maintenant, et que la postérité parle déjà pour eux. On ne peut pénétrer jusqu'à ces tombes; une porte à claire-voie permet seulement d'apercevoir les deux monumens. Je ne sais trop si c'est un bon moyen d'éviter le désordre que l'on redoute des trop bruyans hommages qu'on pourrait leur rendre, que de soustraire ainsi ces restes à l'admiration publique; ou il fallait les transporter ailleurs, ou permettre d'en approcher.

En sortant de Sainte-Geneviève, nous nous fîmes conduire au cimetière du Père Lachaise, dernier asile des illustrations modernes. Cette matinée devait être consacrée aux regrets de tant de gloires éteintes, et nous ne voulions pas être distraits de ceux accordés à nos compatriotes les plus célèbres.

En entrant dans la vaste enceinte du Père Lachaise, nous fûmes étourdis par un bruit assourdissant, causé par les coups de marteaux de nombreux ouvriers travaillant en chantant à une foule de tombes plus magnifiques les unes que les autres, par les juremens fréquens des charretiers fouettant inhumainement de pauvres chevaux traînant avec peine d'énormes blocs de marbres précieux, et par les rires indécens de plusieurs compagnies de jeunes gens, se moquant tout haut de quelques inscriptions de mauvais goût peut-être, mais dont le ridicule devait disparaître devant la sincérité des sentimens qui les avaient dictées. Nous vîmes des femmes élégantes passer gaiement devant un convoi suivi d'amis éplorés, et fouler ensuite sans paraître y songer d'humbles gazons sur lesquels avaient été répandues les larmes d'une mère ou d'une fille. Enfin, en considérant la population animée de ce lieu de douleur, il m'était impossible de croire qu'il fût autre chose qu'un immense jardin anglais plein de *fabriques*; et ce n'est qu'avec une froide admiration que je contemplais ces beaux mausolées: on devrait les croire vides en observant l'abandon dans lequel on les laisse. Il en est peu dont l'herbe ne couvre les inscriptions; l'amour-propre les fit élever, l'ingratitude les fait négliger! Il faut excepter de ce nombre ceux de plusieurs jeunes personnes; avant d'en approcher, il est aisé de deviner qu'une main maternelle préside à leur entretien.

Les plus beaux tombeaux sont ceux de madame la comtesse Demidoff, des maréchaux Masséna, Pérignon et Lefebvre, des généraux de Valence et Foy; mais tout en rendant justice à la pureté des dessins, à la perfection des sculptures, et à la noble simplicité de leurs inscriptions, ils m'ont fait peu d'impression; ce n'est pas ainsi que je voudrais que ma mémoire fût honorée. Quelques fleurs cultivées par la tendresse parleraient plus au cœur. J'emportai du cimetière, non pas le doux attendrissement que j'avais en quittant Sainte-Geneviève, mais la tristesse profonde que doit laisser le spectacle de la profanation de ce qu'il y a de plus sacré.

M. de Bligny, toujours occupé de m'éviter

toute sensation douloureuse, se désolait d'avoir donné l'idée de venir au Père Lachaise. Pour le consoler, je consentis à ce que proposa mademoiselle de Vieville. Elle voulait aller voir le portrait de ses petites nièces qu'elle compte offrir à madame de Roseville. Nous quittions l'endroit où vont s'anéantir toutes les espérances, et nous allions nous rendre dans un atelier où nous trouverions des objets qui les font naître! Quoi de plus opposé, en effet, à l'image effrayante de la mort que les gracieuses figures de deux jolis enfans?

Nous trouvâmes Laure et Marie très-ennuyées d'une séance de deux heures. Mademoiselle Augustine Leroy, qui est chargée de les peindre, est une charmante personne, de beaucoup de talent comme peintre en miniature. Elle est élève de M. Hollier*, dont la réputation est faite depuis long-temps, elle a profité de ses excellens conseils, et promet d'être une artiste fort distinguée. En entrant dans l'atelier de mademoiselle Leroy, je fus frappée de

* C'est à lui que l'on doit le meilleur portrait qui ait été fait de Talma. Il est représenté dans le costume de *Manlius*. Il a été gravé depuis.

l'extrême ressemblance d'un portrait de l'impératrice Joséphine. Ce portrait est d'une exécution ravissante; il me causa un moment d'illusion, tant je retrouvai les traits et la grâce un peu nonchalante de cette bonne Joséphine. J'appris qu'il était destiné à être gravé pour les mémoires de mademoiselle Avrillion, sa première femme de chambre.

Nous vîmes encore dans l'atelier de mademoiselle Leroy un portrait magnifique de M. de Chateaubriand qui doit être placé en tête des œuvres complètes de ce grand écrivain, et pour la ressemblance duquel il a bien voulu poser plusieurs fois; puis une esquisse de Gros, d'après laquelle notre jeune artiste exécute un portrait de Junot. Mademoiselle Leroy a su reproduire avec un rare bonheur et d'une manière à se faire un nom une ressemblance si bien saisie par un des maîtres de notre école. Je crois le portrait de Junot destiné aux Mémoires de madame la duchesse d'Abrantès.

Nous avons terminé notre matinée en allant au jardin du Roi. Le cabinet d'histoire naturelle est fort beau; mais ma mère prétend que la galerie des oiseaux est moins bien entretenue qu'il y a quelques années ! Quant à la ménagerie, elle m'a paru trop pauvre pour la capitale d'un grand royaume.

Les serres dont M. Thouin nous a fait les honneurs sont magnifiques ; j'ai bien regretté que vous ne fussiez pas avec nous pour les admirer. Votre goût pour la botanique eût trouvé de quoi s'exercer. Je ne sais trop pourquoi je vous parle de regrets aujourd'hui plutôt qu'un autre jour, car vous me manquez partout et sans cesse ; mais je sens plus votre absence lorsque je suis entourée de ce qui pourrait vous plaire.

Adieu, ma bonne et chère amie, L'espoir que vous me donnez de vous avoir ici achève de réaliser nos rêves de bonheur, et je conjure M. Durand de ne pas s'opposer à ce que vous soyez près de moi dans le moment le plus important de ma vie. Je regarderais votre absence comme un présage funeste ; et, pour la première fois, je serais effrayée d'un triste pressentiment.

Parlez de moi à tous ceux qui ne m'oublient pas, et assurez nos amis que rien ne pourra changer mon cœur pour eux. Quant à vous, chère Zoé, je n'ai pas besoin de vous assurer d'un attachement qui, né avec vous, ne finira qu'avec moi.

ALICIE.

LETTRE LXII.

LE Cᵗᵉ DE PAHREN AU Mⁱˢ DE BLIGNY.

M. LE COMTE DE BROSSES, PRÉFET A LYON. — SON IMPARTIALITÉ. — M. LE GÉNÉRAL PAULTRE DE LAMOTHE. — MM. REVOIL ET BONNEFOND. — MUSÉE. — M. ARTAUD, DIRECTEUR DE CET ÉTABLISSEMENT. — ANTIQUITÉS ÉGYPTIENNES. — MOSAÏQUES PRÉCIEUSES. — LA JAMBE D'UN CHEVAL. — STATUE DÉCOUVERTE DANS LA SAÔNE. — HÔPITAL MAGNIFIQUE. — LES SŒURS GRISES. — LEUR DÉVOUEMENT. — BIBLIOTHÈQUE MUSICALE DE M. MAIGRE. — MANUSCRITS RARES. — M. BOURGET. — MM. LAINÉ, ADRIEN, ET MADEMOISELLE MAILLARD, ACTEURS DE L'OPÉRA. — CRESCENTINI, DAVID ET MADAME GRASSINI.

LYON

Je ne suis plus qu'à cent vingt lieues de vous, mon cher marquis; et comme nous partons dans deux jours et que nous nous arrêterons peu d'ici à Paris, j'aurai bientôt le bonheur de vous embrasser. Je le sentirai d'autant plus vivement, que je vous retrouverai aussi heureux que je le suis moi-même; et que je ne craindrai plus de fatiguer votre amitié, en vous parlant de chagrins évanouis sans retour. Entre Sophia et vous, ma destinée sera si délicieuse, que je ne sais comment j'aurai assez de force pour la supporter. Je ne suis habitué qu'aux peines de l'âme, il faudra m'accoutumer désormais à ses jouissances.

J'ai reçu la lettre dans laquelle vous me faites part de votre plaisant soupçon relativement à la comtesse; il me paraît si complètement dénué de vraisemblance, que je ne chercherai pas à vous désabuser. Dans peu vous verrez à quel point vous vous êtes trompé.

Madame de Roseville devient de plus en plus sombre, et loin de paraître désirer de se retrouver entourée des objets de ses plus chères affections, il semble que sa tristesse augmente en s'en approchant, elle ne peut supporter de se trouver avec nous; dès que nous arrivons dans une auberge, elle s'enferme dans sa chambre, ou court la ville avec une servante. Madame de Granville ne fait pas attention à cette singulière conduite de sa nièce, qui, dit-elle, a toujours eu de la bizarrerie dans le caractère ; mais Sophia m'assure qu'elle ne s'est point aperçue qu'il fût inégal avant Bagnères. Son amie était quelquefois pensive et souffrante, sans que jamais son humeur atteignît les personnes qui se trouvaient avec elle. Au contraire, dans ces momens fort rares, elle cherchait à être plus aimable encore que de coutume, et faisait tout ce qui dépendait d'elle pour surmonter l'ennui qu'elle éprouvait. Il n'en est plus ainsi maintenant ; et nous sommes tous grondés, lorsque, par hasard, elle consent à être avec nous. Le plus léger prétexte suffit pour faire naître quelque reproche injuste ; aussi je vous avoue que je suis, de toutes manières, charmé d'entrevoir la fin d'un voyage qui eût pu être aussi agréable qu'il l'a été peu. Une fois à Paris, je pourrai rendre mes visites à l'hôtel Roseville, aussi rares que paraîtra le désirer la belle capricieuse. Elle reprendra toute sa gaîté, j'en suis persuadé, dès qu'elle se retrouvera au milieu de tous ses admirateurs ; je serai confondu dans la foule qui remplit son salon, et à peine s'apercevra-t-elle que j'y suis:

l'espèce de déplaisance que je lui inspire cessera dès que je ne serai plus constamment devant ses yeux. C'est ce que je répète sans cesse à Sophia pour la consoler de la peine que lui cause l'éloignement marqué que me témoigne sa bienfaitrice.

Je vous prie, mon cher marquis, de faire toutes les emplettes qui vous paraîtront convenables pour la future madame de Pahren. Vous connaissez mes affaires et mes goûts aussi bien que moi; vous savez que si je suis ennemi d'un luxe mal entendu, et de la passion excessive pour les modes ridicules, je veux cependant ne me point singulariser, en me dérobant aux usages reçus; vous agirez en conséquence; point de prodigalité, ni de folies d'ostentation, mais tout ce qui convient à ma naissance et à ma fortune.

Il faut bien compter sur votre attachement pour augmenter ainsi vos embarras par de nombreuses commissions. Je me rassure sur leur indiscrétion, en songeant qu'entre nous tout est commun depuis long-temps, et que hâter les préparatifs de mon mariage, c'est presser ceux du vôtre qui doit avoir lieu en même temps. Mademoiselle de Vieville que l'on dit si bonne vous aidera, j'espère, et tout sera prêt lorsque nous arriverons.

Je désirais ne point aller dans le monde ici, voulant seulement visiter ce que la ville renferme de curieux; mais madame de Roseville, apparemment pour me contrarier, a exigé que nous fussions avec elle chez quelques personnes de sa connaissance. Pour ne pas donner lieu à de nouvelles sorties déplaisantes de sa part, je me suis résigné.

Nous avons commencé nos visites par M. le comte de Brosses, préfet fort aimé par ses qualités sociales et son impartialité. Il réunit souvent chez lui tout ce qui est fait pour y être reçu, sans paraître se douter des différences d'opinion et de naissance. C'est par cette sage conduite, qui devrait être imitée par tous les fonctionnaires publics, qu'il est parvenu à ramener plusieurs esprits égarés. Je croirai toujours, d'après les observations que j'ai faites, qu'en politique la modération est le vrai moyen de réussir. L'exagération et la passion conseillent toujours mal, et loin d'atteindre le but qu'elles se proposent, elles font souvent échouer les projets les plus raisonnables en eux-mêmes.

Nous avons été à une soirée chez le général Paultre de Lamothe, dont la maison est l'une des plus agréables de la ville, par le soin qu'il met à y attirer tous les artistes célèbres qui passent à Lyon; pour reconnaître le bon accueil qu'ils reçoivent chez lui, ils s'empressent d'apporter dans sa société le charme de leurs talens; ils y sont secondés par des amateurs très-distingués. J'y ai fait connaissance avec les peintres Revoil et Bonnefond, dont vous aimez tant les tableaux gracieux et vrais; ils ont bien voulu me permettre de visiter leur atelier, et j'y ai admiré plusieurs nouvelles compositions qui figureront bientôt avec succès au salon. La simplicité de leurs auteurs égale leur mérite; c'est vous dire qu'elle est extrême.

Ce matin j'ai été au musée, admirablement dirigé par les soins de monsieur Artaud. Il joint à une solide instruction l'obligeance la plus aimable, pour montrer aux étrangers la belle collection, due en grande partie à ses soins éclairés.

J'ai particulièrement admiré des antiquités égyptiennes, quelques beaux tableaux et deux grands pavés en mosaïques. M. Artaud m'a fait voir une jambe de cheval en bronze, vestige précieux retiré dernièrement de la Saône. On assure que des plongeurs ont découvert une admirable statue équestre dont cette jambe est un fragment : on suppose que c'est celle d'*Auguste* qui fut jetée dans la rivière lorsque les Romains furent chassés. Le gouvernement a donné des ordres pour qu'elle fût retirée ; mais cette opération difficile et dispendieuse a été ajournée. Il est bien à désirer qu'elle ait lieu, car vous auriez alors en France un monument bien précieux et, je crois, le seul de ce genre.

En sortant du musée, j'ai visité en détail le plus bel hôpital de France, élevé sur le quai par la piété de plusieurs de vos rois. Je ne pense pas que la charité puisse rien imaginer de plus parfait que tout ce qui est prodigué aux pauvres et aux malades dans ce superbe hospice. Tous les souverains devraient en ériger de semblables dans leurs états ; ce serait illustrer leur règne et faire chérir leur nom dans la postérité la plus reculée.

Ce n'est que dans la religion catholique, que

l'on peut trouver l'abnégation entière de soi-même, portée au degré que l'on ne peut assez admirer dans les sœurs grises. Dans tous les temps on leur a voué une admiration qu'elles méritent d'autant plus qu'elles la cherchent peu; les nations étrangères même ont eu de nombreuses occasions de les bénir, puisqu'elles réparaient avec un courage héroïque les maux inévitables de la guerre. Là où les soldats français trouvaient la gloire en portant des coups terribles, ces anges de paix guérissaient et consolaient! Modestes et timides lorsqu'il ne s'agit que d'elles, elles deviennent hardies et intrépides dès qu'elles ont l'espoir d'être utiles; et sur le champ de bataille, elles disputent aux généreux officiers de santé, le bonheur de mourir en soignant les blessés. C'est en effet, pour elles, passer de la vie à l'immortalité!...

J'ai parcouru ce matin une bibliothèque musicale fort précieuse. Elle appartient à M. Maigre, qui ne refuse jamais de montrer ses rares manuscrits, et qui donne, avec complaisance, les détails qui lui sont demandés, sur une foule d'artistes dont il possède des autographes. Plusieurs sont fort connus, d'autres mériteraient de l'être. Il m'a dit que peu de villes offraient un si grand nombre d'amateurs distingués pour la musique, particulièrement pour le chant. Il m'a cité M. Bourget, comme pouvant rivaliser avec ce qu'il y a de mieux dans ce genre, dans la société de Paris; et il m'a assuré que les célèbres compositeurs qui s'arrêtent à Lyon sont étonnés de la manière dont on exécute les opéras les plus difficiles.

Il est certain que vos rapports fréquens avec l'Italie, ont donné une grande impulsion à l'art charmant qu'on y cultive avec un si grand succès; et que les officiers revenus des brillantes campagnes qui ont illustré leurs armes, ont beaucoup aidé à réformer le goût détestable qui régnait à Paris, et qui depuis long-temps était épuré dans ce coin délicieux du monde, où le langage même est une harmonie. Pendant qu'on applaudissait à outrance chez vous, les cris forcenés de Lainé, d'Adrien, et de mademoiselle Maillard, on couronnait à Florence Crescentini, David, et madame Grassini. Maintenant vos chanteurs le disputent à ceux qui leur servirent de modèles, et la France pour la musique, comme pour la peinture, n'a plus rien à envier à ses voisins.

Adieu, mon cher marquis, je voulais vous parler des manufactures; mais suis-je le maître de faire ce que je veux? Madame de Roseville a voulu voir de préférence tout ce qu'il y a de futile, les théâtres, les promenades, etc.; elle semble fuir avec soin tout ce qui donne matière à réfléchir, et cherche non les impressions touchantes, mais celles qui peuvent étourdir par leur brillant ou leur frivolité. Je me suis échappé pour visiter l'hôpital. Elle s'est contentée d'y envoyer de l'argent, et prétend qu'elle sait tout ce que j'ai vu, aussi bien que moi. C'est une créature inexplicable.

Nous partons après-demain..

Tout à vous.

Comte de PAHREN.

LETTRE LXIII.

LE Mⁱˢ DE BLIGNY AU Cᵗᵉ DE PAHREN.

M. LE DUC DE DOUDEAUVILLE. — AUDIENCE D'UN MINISTRE. — SON PEU DE GALANTERIE. — LEPEINTRE, BERNARD-LÉON, ET FONTENAY, AYANT LE PAS SUR LES DAMES. — LA MARQUISE DE L..... — EMPIRE DES BEAUX YEUX SUR MONSEIGNEUR. — MADAME RÉCAMIER. — LETTRES QUI LUI SONT ADRESSÉES PAR MADAME LA COMTESSE DE GENLIS. — LE CHATEAU DE COPPET, NOUVELLE. — M. DE FORBIN. — LEÇONS D'ÉQUITATION DONNÉES PAR M. AUBERY. — MESDAMES DE GUICHE ET DE NOAILLES.

Vous souvenez-vous, mon cher comte, que nous nous sommes un jour fort disputés parce que vous prétendiez que les hauts fonctionnaires en France étaient peu polis, et que je vous soutenais le contraire en vous citant, pour me donner gain de cause, M. le duc de Doudeauville et quelques autres, accueillant avec la politesse la plus recherchée les solliciteurs de tous rangs, et adoucissant, par les formes les plus obligeantes, les refus qu'ils étaient quelquefois obligés de prononcer?.... Eh bien! je suis maintenant tout à fait de votre avis, et voici pourquoi :

Ayant à demander quelque chose dans un ministère, j'obtins une audience d'une *Excellence* nouvelle. J'arrivai à l'heure indiquée; je trouvai dans le salon plusieurs dames, attendant comme moi le moment d'être admises près de *Monseigneur*. Je n'avais auprès de lui aucun antécédent, son avancement rapide l'ayant porté à une place à laquelle sa naissance ne lui donnait aucune espérance de parvenir jamais, puisqu'elle était des plus bourgeoises; au reste il eût été de mes amis que j'aurais trouvé fort naturel de ne passer qu'à mon tour, détestant les préférences lorsqu'il s'agit de justice à réclamer; mais je pensais que les femmes ont en France des prérogatives, même chez les ministres, et j'imaginais que naturellement elles seraient reçues avant nous. Jugez donc de mon étonnement de voir que tous les hommes avaient le pas sur elles. Nous étions en beaucoup plus grand nombre : raison de plus pour les écouter avant; pas du tout, elles restèrent dans ce salon, examinées de la tête aux pieds par cette foule de demandeurs, ce qui était pour elles extrêmement embarrassant et désagréable.

La marquise de L.... étant de ma connaissance, je m'approchai et lui demandai si elle avait déjà été exposée au désagrément de faire antichambre. « Mon Dieu non, me répondit-
» elle ; je suis ici pour tâcher d'obtenir une
» petite pension pour un ancien employé des-
» titué, et qui meurt de faim ; mais comme on
» vient de me dire que je ne serais introduite
» auprès de son *excellence* qu'après la députation
» du *Vaudeville*, je lui cède le terrain et m'en
» vais. Je m'adresserai directement au roi, et je
» suis persuadée qu'il sera plus aisé d'arriver
» jusqu'à lui. » Elle partit en effet.

Je vis dans un coin du salon Lepeintre, Bernard-Léon et Fontenay. Ils observaient toutes les figures qui étaient devant eux, sans doute pour nous les reproduire quelque soir au théâtre ; et je vous assure qu'ils ont pu trouver là ample matière à exercer leurs talens d'imitation. La bassesse et l'arrogance s'y remarquaient également dans toute leur laideur; les saluts de protection et ceux d'une servilité révoltante étaient fréquens, et tout ce que l'intrigue et l'envie inspirent de plus dégoûtant se lisait sur la plupart de ces figures, grimaçant des sentimens honorables, sans qu'il leur fût possible de cacher les véritables.

Après avoir reçu les pairs, les députés, la société d'agriculture, des comédiens et plusieurs hommes de la cour, les dames purent enfin parler à ce puissant de la terre, si étonné sans doute d'y être remarqué. J'avais lié conversation avec une jeune veuve sollicitant une justice qu'elle implorait comme une grâce, persuadé que si elle échouait auprès de ce ministre, mademoiselle de Vieville se chargerait de réclamer pour elle auprès de quelque autre puissance. Je lui demandai la permission d'attendre sa sortie à la porte de l'hôtel, afin de lui offrir mes services si elle avait été refusée. Elle y consentit. Je la vis revenir si triste que je n'eus pas besoin de lui demander le résultat de son entrevue.

Elle m'apprit en effet qu'à peine entrée dans le cabinet de M. le comte de ***, il l'avait questionnée, mais d'un air si froid et si distrait, qu'elle s'était déconcertée, et avait pu difficilement lui expliquer ce qu'elle désirait; que Son *Excellence* ne lui avait pas même offert de s'asseoir, mais qu'habituée aux manières polies de la société, elle avait voulu faire sentir au ministre combien il les ignorait, et qu'ayant tiré à elle un fauteuil, elle s'y était assise. Que de ce moment il était devenu plus affable, mais lui avait dit qu'il ne pouvait se charger de sa demande, ayant déjà plusieurs choses de ce genre à proposer à Sa Majesté.

Je consolai madame D.... en lui promettant l'appui que je solliciterais pour elle près de mademoiselle de Viéville, qui certainement emploierait son crédit et celui de ses amis pour faire réussir une affaire aussi simple. Elle a bien voulu en effet s'en charger avec sa bonté ordinaire.

N'allez pas vous imaginer que mon ancien caractère m'a conduit dans cette circonstance. Madame D... *est laide;* ainsi, mon cher comte, vous voyez que vos soupçons sont injustes, et que le désir seul d'être utile a été mon guide cette fois. C'est, m'a-t-on dit, parce que madame D..... n'est point jolie, que M. de *** l'a reçue si froidement. Il ne trouve dignes de son attention que les demandes exprimées par une bouche charmante, et n'est accessible à la pitié que lorsque de beaux yeux l'implorent. Ce n'est pas tout-à-fait ainsi que l'on devient un Sully ou un Colbert, mais enfin chacun a sa manière de s'illustrer, et M. de *** préfère la réputation d'un aimable mauvais sujet à celle d'un bon ministre.

En sortant de chez mademoiselle de Vieville, je suis allé chez madame de Genlis (pour la prier de joindre ses instances aux nôtres, afin d'obtenir ce que sollicitait madame D. de l'inaccessible ministre. Je vous ai dit jusqu'à quel point madame de Genlis porte l'obligeance et la bonté, vous ne serez donc point étonné d'apprendre qu'elle mit un grand empressement à s'intéresser au succès de nos démarches.

Ma visite avait un autre but que je n'osais avouer ; cependant je me trouvai servi par le hasard pour entrer en matière. Ayant aperçu sur une table un joli album sur lequel mes yeux distinguèrent le nom de madame

Récamier, je me trouvai tout naturellement amené à dire à madame de Genlis que je savais qu'elle avait écrit à madame Récamier, et que je serais heureux d'obtenir une copie de ces lettres. Madame de Genlis y consentit avec cette grâce qui double le prix des choses, sans y mettre l'importance qui souvent le diminue. C'est donc à l'extrême bienveillance de cette femme, dont l'esprit est encore si jeune et le cœur si bon, que je dois la possibilité de vous faire connaître les trois lettres que je transcris ici; elles ne vous paraîtront sûrement pas moins curieuses qu'à moi *.

Lettre de Mme de Genlis a Mme Récamier.

Paris.

« Voilà, Madame, le livre que j'ai eu l'honneur
» de vous promettre ; j'ai marqué les choses que
» je désire que vous lisiez.

---

* Ces lettres faisaient déjà partie de mon ouvrage lors de la mort de ma tante, et elle m'avait permis de son vivant de les publier.

» J'ai vu M. le comte de Forbin, qui a été
» charmant pour moi. J'ai déjà commencé les
» trois tableaux (*). Je veux m'y surpasser, et je
» sens que pour cela il me suffira de regarder
» mes modèles.

» M. de Forbin parle de vous, Madame, avec
» admiration et tendresse, et ce n'est pas une des
» choses de son aimable conversation qui m'a
» le moins intéressée ; il a bien de l'esprit ; et on
» sent qu'une belle âme y donne tout le charme
» que l'esprit peut avoir, les ames sèches et
» dures n'ont jamais d'esprit pour moi.

» Revenez, madame, pour me conter votre
» histoire, *en ces termes*, comme on fait dans
» les romans, et puis ensuite je vous demande-
» rai de l'écrire en forme de *souvenirs*. Ils se-
» ront pleins d'intérêt parce que, dans la plus
» grande jeunesse, vous avez été jetée avec
» une figure ravissante, un esprit plein de finesse

---

* Madame de Genlis avait promis de composer des nouvelles sur les tableaux de M. Forbin ; elles ont obtenu autant de succès que les ouvrages qui les ont inspirées. C'est le plus grand éloge que l'on puisse en faire.

» et de pénétration, au milieu de ce tourbillon
» d'erreur et de folie ; que vous avez tout vu,
» et qu'ayant conservé durant ces orages des
» sentimens religieux, une ame pure, une
» vie sans tache, un cœur sensible et fidèle à
» l'amitié, n'ayant ni envie ni passions, vous
» peindrez tout avec les couleurs les plus vraies.
» Vous êtes un des phénomènes de ce temps,
» et certainement le plus aimable.

» Vous me montrerez vos *souvenirs*. Ma vieille
» expérience vous offrira quelques conseils, et
» vous ferez un ouvrage utile et délicieux.

» N'allez pas me répondre : *Je n'en suis pas*
» *capable*, etc., etc. Je ne vous passerai jamais
» des lieux communs. Ils sont indignes de votre
» esprit. Vous pouvez jeter sans remords les
» yeux sur le passé. C'est en tout temps le plus
» beau des droits. Dans celui où nous sommes,
» il est inappréciable. Profitez-en pour l'ins-
» truction des deux jeunes personnes que vous
» élevez; ce sera pour elles votre plus grand
» bienfait.

» Adieu, Madame, permettez-moi de vous
» dire que je vous aime et que je vous em-
» brasse de tout mon cœur. »

Convenez, mon cher comte, que c'est un vrai malheur pour vous de ne pas connaître la personne qui écrit ainsi et celle qui mérite de tels éloges, et que vous enviez mon sort qui m'a permis de les voir assez pour ne rien ignorer de ce qui les intéresse. A votre retour, j'espère vous conduire chez elles. C'est une faveur que tout le monde n'obtient pas. Vous la devrez au souvenir de l'amitié qu'elles portaient à ma sœur, et plus tard votre mérite obtiendra l'intimité, qui est si douce dans un cercle semblable. En vous mettant à même d'y briller, je croirai avoir acquitté une partie de ce que je vous dois.

C'est un véritable miracle qu'une femme de 80 ans, conservant toute la vivacité d'une imagination qui devrait être usée par de nombreux travaux ; aussi ai-je été frappé du billet suivant, que l'on pourrait croire écrit par une jeune personne.

Mme DE GENLIS A Mme RÉCAMIER.

Écouen.

« Que je suis satisfaite que vous m'ayez écrit
» de vous-même, sans avoir reçu ma lettre !

» Vous m'aimez un peu! C'est assez pour moi
» pour vous aimer à la folie! bien d'autres vous
» en diraient autant. Vous connaissez ces jolis
» vers de M. de la Trémouille à mademoiselle
» Gaussin :

» Écarte pour un temps la foule des amours
» Dont partout on te voit suivie ;
» Aime-moi seul pendant deux jours,
» Je t'aimerai toute ma vie.

» Venez m'aimer *toute seule*, non pas deux
» jours, mais deux heures dans les beaux bois
» d'Ecouen. Vous voyez que je suis modeste
» dans mes souhaits ; ce n'est pourtant pas faute
» d'ambition à cet égard.

» Ah! quel beau séjour que celui-ci pour fi-
» nir *Laure et Pétrarque!* ma tête et mon cœur
» ont quinze ans. Mon dernier roman est cer-
» tainement mon chef-d'œuvre. Quel mélange
» d'enthousiasme, de gloire et d'amour! de gran-
» deur et de délicatesse! Je me suis *faite* Pé-
» trarque. Au vrai, j'ai une grande sympathie
» avec lui.

» Il y a ici une belle fontaine, vous jugez

» bien que pour moi c'est *Vaucluse*; je vais
» tous les matins m'y enivrer de souvenirs et
» d'espérances ! Je serai couronnée au capitole
» dans quinze jours! quel moment!....

» Je vous embrasse du fond de l'âme. Venez
» me le rendre.

» Comtesse de GENLIS. »

Croiriez-vous, mon ami, en lisant ces lignes, qu'elles sont d'une octogénaire? et ne pensez-vous pas qu'il soit extraordinaire d'avoir conservé intactes à cet âge avancé, une gaîté et une légèreté d'esprit si complètes? Que l'on dise après cela que le travail fatigue, et détruit par son excès nos facultés, avant que les glaces de la vieillesse se soient chargées de cette triste métamorphose.

Madame de Genlis, non-seulement a beaucoup écrit, mais elle n'a pas perdu une minute en sa vie, s'occupant de talens poussés à un grand point de perfection, pour l'époque où ils furent acquis, et n'ayant négligé aucun des ouvrages d'adresse. Par la manière dont elle a su remplir sa vie, elle a doublé sa longue existence, et cependant elle est encore *jeune*, si l'on entend par ce mot le brillant des idées, une santé parfaite et le goût des arts. En comparant ma manière d'être avec celle de madame de Genlis, je dois craindre d'être bientôt sourd, aveugle et imbécille : n'ayant pas à me reprocher d'avoir vécu comme elle, j'ai peur de ne pas vieillir de même ; pour dissiper ces tristes réflexions, je me hâte de vous envoyer la lettre, complément de ce que j'ai obtenu de madame de Genlis. Ce n'est, si vous voulez, qu'une lettre d'envoi, mais combien elle est faite pour faire envier le sort des personnes qui ont été assez heureuses pour lire la nouvelle dont il y est question !

Lettre de Mme la comtesse de Genlis a Mme Récamier, en lui envoyant une nouvelle composée pour elle, intitulée : Le Chateau de Coppet *.

« Ma nouvelle est faite, Madame, et si j'o-
» sais je dirais *parfaite*. Je vous jure que c'est
» la plus jolie et la plus originale que j'aie
» écrite ; elle est plus longue que je ne pensais.

* Celle qui est à la fin de ce volume.

» J'ai été entraînée par le sujet. Avec cette pe-
» tite écriture elle aurait environ trois cents pa-
» ges in-12. J'ai inventé des scènes charmantes;
» le dénouement est ravissant, madame de Staël
» admirable jusqu'au bout. Il y a dans l'ensem-
» ble une pureté, une noblesse, une élégance
» et une variété qui me plaisent. Enfin, vous
» en jugerez. Le mot *fin* est mis. Comment
» vous faire parvenir ce manuscrit? Le plus sûr
» serait, je crois, que vous envoyassiez par la
» diligence un domestique de confiance auquel
» je le remettrais.

» Adieu, Madame; que je voudrais que vous
» eussiez cette nouvelle, et savoir que vous
» l'aimez !

» Comtesse de GENLIS. »

J'ai été bien aise de voir madame de Genlis rendre une si parfaite justice à sa rivale de gloire. Je garde cette lettre comme un monument également honorable pour ces deux femmes célè-bres; et je suis charmé de pouvoir vous les communiquer pour dissiper l'humeur que vous causaient les critiques de madame de Genlis, sur des ouvrages empreints d'une force et d'une exaltation qui vous plaisaient d'autant plus, qu'elles sont dans votre caractère.

Vous serez convaincu à présent, que j'avais raison de vous assurer que c'était l'amour trop brûlamment exprimé et conduisant à des dénouemens immoraux que blâmait madame de Genlis; mais qu'elle rendait une entière justice au caractère de madame de Staël, que vous avez été à même d'apprécier. J'ai défendu un de mes auteurs favoris, en prenant contre vous le parti de madame de Genlis. Je préfère ses ouvrages, parce qu'ils peignent d'une manière exacte le monde dans lequel j'ai vécu, et qu'ils contiennent une foule de descriptions touchantes des sentimens du cœur. Pour juger les Vœux téméraires, Madame de la Vallière, les Mères rivales, etc., il suffit d'avoir aimé et pleuré; pour comprendre la supériorité de madame de Staël, il faut avoir étudié la Métaphysique, la Politique, et mille choses devant lesquelles j'ai constamment reculé. Voilà qui explique votre préférence et la mienne; nous avons tous deux raison, je crois, puisqu'il n'y a aucune comparaison à établir entre ces deux talens supérieurs; et pour aimer mieux l'un que l'autre, on n'en a pas moins de goût. Vous devez trouver tout simple que je cherche à vous faire revenir à ce que j'aime; voilà pourquoi je cite ce qui peut vous faire partager mes opinions.

Tout se prépare ici pour la réception de madame de Roseville et nos mariages. Peu de temps comblera tous nos vœux, et nous réunira après une longue séparation. Ce que vous nous mandez de la tristesse de la comtesse trouble un peu notre joie, mais nous espérons que la vue des heureux qu'elle a faits lui rendra sa bonne humeur. Est-il possible de se trouver à plaindre, lorsqu'on a contribué au bonheur des autres?

Alicie sachant que je désire qu'elle monte à cheval, a surmonté la peur que lui causait cet exercice, elle va au manège de M. Aubert prendre des leçons de cet excellent maître. Elle a déjà très-bonne grâce, et je ne doute pas qu'avec de si bons conseils elle ne puisse bientôt rivaliser avec mesdames de Guiche et Alexis de Noailles; mais je doute qu'elle acquière jamais une grande hardiesse; au reste, elle ne me plairait pas, et me ferait craindre pour Alicie tous les accidens passés, présens et futurs.

Je suis pour ce qui la concerne d'une pusillanimité ridicule, et je ne veux pas qu'elle affronte des dangers qui me font frémir, quand je pense qu'ils peuvent l'atteindre. Mon Dieu, que je l'aime!

Adieu, mon ami, ou plutôt à bientôt.

Marquis de Bligny.

LETTRE LXIV.

LA COMTESSE DE ROSEVILLE A MADEMOISELLE DE VIEVILLE.

LA VILLE DE MOULINS. — MAUSOLÉE DU CONNÉTABLE DE MONTMORENCY. — ÉGLISE DEVENUE UN GRENIER A FOIN. MARCHANDS DE CISEAUX. — NEVERS. — LAIDEUR DE LA VILLE. — ÉMAUX. — COSNES. — FONDERIE DES ANCRES DE LA MARINE ROYALE. — LES FORGERONS. — LE CHATEAU DE FONTAINEBLEAU. — ÉCOLE MILITAIRE. — MM. DE FAUDOAS, DE BRACK, DE BRIQUEVILLE, DE TAMNAY, DE LA WOESTINE. — TABLE A JAMAIS CÉLÈBRE. — FORÊT. — LA CABANE DU BUCHERON. — NAPOLÉON S'Y ARRÊTE. — BRUSQUERIE D'UN PAYSAN. — PRÉSENT QU'IL REÇOIT.

FONTAINEBLEAU.

Je ne suis plus qu'à quinze lieues de vous, ma chère tante ; et, lorsque tous mes vœux tendent à vous revoir, je suis retenue ici. Sophia a eu un accès de fièvre assez violent pour nous inquiéter. M. de Pahren était comme un fou, et sa figure, ordinairement si calme, portait tous les signes d'un désespoir réellement inconcevable, puisque la fatigue seule a causé cette indisposition. Un médecin que l'on dit habile a été appelé, et il nous assure qu'un jour de repos suffira pour rétablir cette malade si chère. Madame de Granville et le comte resteront près d'elle, pendant que je parcourrai le château et la forêt magnifique qui l'entoure. Avant de vous en parler, je veux vous dire ce qui m'a frappée de Lyon ici.

Le voyage que je viens de faire n'a pas produit l'heureux effet que j'en attendais. Aussi l'ai-je fort abrégé, sentant que le mieux que j'éprouvais dans le commencement, n'a eu aucune suite, que je suis plus faible que jamais, et surtout plus triste. Rien depuis Bagnères n'a pu me distraire, et j'ai parcouru la France sans avoir même la force d'en admirer les beautés.

Arrivée *à Moulins*, mon premier soin a été de visiter le mausolée du connétable de Montmorency, près duquel sa veuve inconsolable vécut pour pleurer!.... Ce monument est superbe, et m'a causé un attendrissement qu'il m'a été impossible de réprimer. Mes larmes ont coulé en songeant que moi aussi j'ai perdu un époux adoré; mais elles étaient moins amères dans cette église que dans d'autres lieux. Là du moins elles ne paraissent pas exagérées, et ces murs avaient été témoins de regrets aussi douloureux. Le noble visage du connétable me rappelait celui d'Édouard! Hélas, tout ce qui est beau et bon l'offre à mon souvenir! Je ne vous détaillerai pas les accessoires de ce tombeau, je les ai à peine entrevus. Que m'importait dans ce monument la perfection des statues, la beauté des sculptures? Je ne me suis occupée que de l'époux enlevé à la tendresse de sa compagne, condamnée à souffrir long-temps encore! et j'ai trouvé une sorte de douleur à penser que l'on pouvait être plus à plaindre que moi; Édouard du moins est mort dans mes bras!

Le monument du Connétable fut préservé des violences révolutionnaires, l'église où il est placé ayant été transformée en grenier à foin; enfoui ainsi, les vandales de notre époque n'y songèrent pas, mais toutes les richesses envoyées par la famille de Montmorency pour embellir les autels de ce lieu saint, ont été dispersées; et maintenant il n'est pas un temple de village qui ne soit plus somptueux que celui qui renferme cette noble dépouille. J'en suis sortie avec l'intention de réparer en partie les vols qui y ont été commis. Il appartient à une veuve désolée de parer le lieu illustré par des chagrins semblables aux siens. A mon arrivée à Paris, je commanderai un bel ornement, et tout ce qui pourra être nécessaire pour faire disparaître la pauvreté de cette église. Ce sera encore un hommage à la mémoire d'Edouard.

A peine étais-je de retour à l'hôtel, que je fus assaillie par un grand nombre de marchandes de ciseaux et de couteaux qui, à force d'instances et de paroles, m'ont forcée d'en acheter beaucoup. Pour me débarrasser d'elles, j'aurais pris, je crois, toute leur pacotille. Rien ne m'a inspiré autant de dégoût, que ces femmes criant, se poussant, se battant, pour obtenir la préférence. Les outils qu'elles tenaient, semblaient des armes meurtrières dans leurs mains. En regardant leurs yeux furieux, en écoutant les sottises s'échappant avec volubilité de leur bouche, il m'était impossible de n'en avoir pas peur. Sophia trouvait très *choquante* cette manière d'offrir sa marchandise; M. de Pahren s'en indignait, ma tante en riait, et moi je m'en effrayais; je comprenais alors parfaitement tous les excès auxquels se sont portées les femmes du peuple dans le temps de la terreur, en examinant celles-ci prêtes à se déchirer, pour l'appât d'un très-petit gain. C'est avec joie que je suis montée en voiture. Nous voulions aller jusqu'à Vichy, mais cela nous détournait trop, et nous avons renoncé à ce projet étant tous pressés de revoir Paris. Ma tante est impatiente de se trouver tranquille auprès de vous, moi de vous embrasser ainsi que mes enfans; et nos jeunes futurs courent au devant de ce qu'ils croient être le bonheur, et ce qui sera peut-être pour eux une source intarissable de peines et de tourmens.

Je ne puis maintenant envisager rien sous un point de vue gai, et les événemens qui se succèdent avec une si grande rapidité dans cette vie me semblent ne devoir amener que des pleurs! Je suis, dit-on, au nombre des heureuses de la terre! Que sont donc les autres?...

Nous nous sommes reposées à *Nevers*, où

j'ai fait des emplettes considérables pour mes filles, ce qui m'a causé quelques momens de joie, en songeant à la leur; elles déballeront avec plaisir les caisses remplies de petites figures d'émail, soufflées avec une rare perfection, et d'ouvrages en perles, dont je leur rapporte une provision. La ville est si laide, si mal bâtie et si sombre, que j'étais charmée d'en repartir promptement. J'espérais ne m'arrêter qu'ici; mais je ne suis plus maîtresse de faire ce qui me convient, madame de Granville étant toujours disposée à être de l'avis du comte, je suis obligée de céder pour ne pas lui déplaire. Aussi avons-nous séjourné plusieurs heures à *Cosne* pour voir la fonderie d'ancres de la marine royale. Je ne m'en souciais pas; mais j'ai été aise ensuite qu'on ait insisté pour m'y décider.

Rien n'est plus curieux que cette réunion d'hommes, au milieu d'une véritable fournaise, frappant, cognant et chantant à pleine gorge des chansons baroques, qui ne parviennent pas à couvrir le bruit plus éclatant encore de leur voix. Il est fort aisé de se croire aux enfers lorsqu'on se voit entouré de ces noirs habitans d'une salle obscure, éclairée seulement par le feu d'un vaste foyer, et les étincelles jaillissant sous les coups de leurs bras nerveux, entièrement nus. Je n'avais aucune idée de ce singulier spectacle, fort au-dessus de ce que nous présentent nos plus belles décorations; et je vous assure qu'il faut être brave pour ne pas en être intimidée. J'ai aussi vu une fabrique de coutellerie, mais c'était la petite pièce, et rien ne pouvait nous paraître curieux dans ce genre après ce qui venait de s'offrir à nous. Enfin, après avoir parcouru tous ces sombres ateliers, nous nous remîmes en route, et sommes ici depuis hier soir.

Ce matin, suivant mon habitude, je suis partie seule, et me suis rendue au château. Je ne m'en approchai pas sans un violent battement de cœur, car j'allais encore y trouver des souvenirs d'Edouard qui y avait été à l'Ecole-Militaire. Je me suis fait montrer le corps-de-logis destiné à cet établissement d'où sortirent nos plus brillans officiers, compagnons de gloire de mon mari, MM. de Faudoas, de Brack, Briqueville, de Tamnay, de la Woëstine, etc., tous braves comme lui, mais lui ayant survécu! Je questionnai fort le concierge qui me donna des détails généraux, mais pas circonstanciés comme je désirais. Il me paraissait naturel que cet homme sût tout ce qui avait rapport à ce que je voulais savoir ; et j'étais tentée de le trouver coupable d'être mieux instruit de ce qui concernait Napoléon. Pour moi cela était moins intéressant ; mais voyant que je ne pouvais obtenir ce que je demandais, je pris le parti d'écouter ce que je pouvais apprendre de relatif à cet homme si extraordinaire, si heureux pendant long-temps, et qui expia ce bonheur passager par des malheurs inouis.

On me montra la table sur laquelle il signa l'abdication qui le faisait renoncer au plus beau royaume du monde. Une plaque de cuivre transmet ce trait à la postérité. Plusieurs Anglais très-riches ont offert des sommes considérables pour l'acquérir, mais elle appartient au château, et certainement ce meuble n'est pas le moins précieux de ceux qui s'y trouvent. Il sera examiné plus que tout autre, et sa vue fait naître tant de réflexions, qu'il sera long-temps un aliment à la curiosité des voyageurs. Les envieux du génie de Napoléon ne pourront même s'empêcher de s'attendrir en pensant aux angoisses que dut éprouver l'*empereur* en signant la déchéauce de cet empire conquis par son épée, et ses amis souffriront de ce qu'il souffrit en ce moment; cela compensait, de reste, vingt ans de victoires!

Quant à moi, j'avoue que je ne comprendrai jamais l'acharnement que mettent maintenant à poursuivre sa mémoire des gens qui furent ses bas adulateurs; je ne l'approchais pas, je ne lui devais rien; mais j'étais Française, il faisait triompher nos armes, enrichissait ma patrie de chefs-d'œuvre, encourageait les arts, me rendait une religion qui console, et je l'admirai de bonne foi. Sa mort n'a rien changé à mes sentimens, et je n'insulterai jamais sa cendre. J'aime les Bourbons qui ont rendu la paix à la France; mais est-ce une raison de maudire celui qui nous tira de l'anarchie et nous mit à même de recevoir nos princes légitimes, sans avoir à rougir des cruels excès commis en leur absence, effacés, grâce à Napoléon, par une gloire qui ne peut être égalée par celle d'aucun peuple?

Le lieu où je me trouve m'entraîne à parler de choses dont je ne m'entretiens jamais. Pardonnez-le moi, ma chère tante ; comment être à Fontainebleau, et ne pas s'occuper de ce qui s'y passa il y a peu d'années ?

Je suis montée ce matin dans un cabriolet de louage pour courir un peu la forêt. J'ai admiré le *Calvaire*, dominant un désert majestueux d'une grande étendue ; des roches énormes et des chênes élevés rendent cette partie très-remarquable ; le silence, qui n'y est interrompu que par quelques rares oiseaux de proie, achève d'y inviter à une mélancolie profonde.

J'ai été conduite dans tous les endroits célèbres par quelque tradition du pays. J'ai parcouru ces immenses allées, naguère traversées par des chasses royales.

On m'a montré une cabane de bûcheron dans laquelle s'arrêta Napoléon égaré. Ainsi que Henri IV, il prit plaisir à questionner l'humble propriétaire, qui ne le connaissait pas. Il entendit ses plaintes sur la longueur d'une guerre qui entraînait trois de ses garçons et le réduisait à travailler seul et à faire difficilement vivre sa femme et ses deux filles. « Eh bien, lui » dit l'empereur, au lieu d'une coignée ils ont un

» fusil à la main : l'un est plus noble que l'au-
» tre.—Oui, répondit le père ; mais au lieu d'a-
» battre des arbres, ils seront peut-être abat-
» tus eux.—Ils auront la croix en revenant.—
» Et s'ils ne reviennent pas ?—Oh l'empereur
» aura soin de leur famille.—Vraiment?... Pardi,
» monsieur, vous devriez le lui dire.—Je le fe-
» rai, je vous en réponds.—Oh alors je suis tran-
» quille, je suis bien sûr d'être tiré de ma chau-
» mière. — Cela pourrait être. — C'est clair,
» monsieur le dit. » En achevant ces mots avec
humeur, le bonhomme voulut sortir ; mais son
interlocuteur, avec la brusquerie qui lui était
ordinaire, le retint fortement en lui disant :
« Tenez, maudit incrédule, voyez si vous avez
» tort de douter de ce que je vous promets. »
Et il lui mit dans la main une poignée d'or.

Le pauvre homme ébahi reconnut l'empereur à cette magnificence, et manqua de devenir fou de cette fortune inespérée.

Cette petite histoire m'a amusée, et j'ai voulu
vous la dire, quoique je sache très-bien que
vous n'aimez pas son héros. Je suis si étonnée de
vous voir de la prévention, que je tâche de la
faire disparaître en vous racontant ce qui peut la

détruire, et je ne désespère pas de vous amener à convenir que Napoléon eut de grandes qualités, et que c'est un des ridicules de cette époque de vouloir les lui refuser ou les lui accorder toutes. Gardons-nous de l'exagération en rien, et soumettons nos intérêts particuliers à la vérité.

Adieu, ma bonne tante. Quand vous recevrez cette lettre, je serai bien près de vous embrasser. Ne venez pas au-devant de moi ; ce serait pour vous une fatigue qui troublerait le plaisir que j'aurais à vous revoir.

Sophia est infiniment mieux, et suivant toute apparence nous partirons demain.

Comtesse DE ROSEVILLE.

LETTRE LXV.

Mᵐᵉ ZOÉ DURAND A Mˡˡᵉ DORCY.

Raisons qui empêchent madame Durand de se rendre a Paris pour le mariage de son amie.

Je suis désolée, ma chère Alicie ; une seule phrase vous fera comprendre l'étendue de mon chagrin : je ne puis me rendre à Paris pour votre mariage ! mon beau-père vient d'avoir une nouvelle attaque plus grave que celle qui le retenait depuis long-temps sur une chaise longue ; l'habileté et le sang-froid de Charles l'ont sauvé, mais il est encore si souffrant et si faible, qu'il me sera impossible de le quitter. Les soins d'une fille, et j'en ai pour lui les sentimens, l'aideront à supporter ses maux ; aussi est-ce sans hésiter que je lui fais le sacrifice du plus grand plaisir, celui de vous voir. Lui et mon mari me pressent de faire ce voyage, dont je parlais sans cesse; ils me disent que ma mère me remplacerait près du malade; je sais que personne ne pourra avoir mon zèle lorsqu'il s'agit du père de l'homme que j'aime, ainsi je reste. Une autre raison m'y déterminerait quand même la première ne serait pas assez forte, ce serait la crainte d'une journée passée en voiture dans la position où je me trouve. J'ai l'espoir que bientôt madame *la marquise de Bligny* consentira à être marraine d'une jolie petite Alicie, et ce serait une imprudence coupable que de voyager dans ce moment.

Plaignez-moi donc, mon amie, de ne pouvoir me trouver près de vous dans le moment le plus beau de votre vie, les devoirs qui vont vous être imposés me retiennent ici; si quelque chose pouvait me les faire paraître moins doux, ce serait assurément la cruelle nécessité qu'ils m'imposent; mais telle est la puissance des sentimens qui les dictent, que je suis satisfaite de rencontrer une occasion d'y sacrifier mes vœux les plus chers. Même en renonçant à vous voir, je ne suis pas tout-à-fait malheureuse. Jugez donc si les titres d'épouse et de mère sont ravissans !

Je vous conjure de m'écrire longuement dès que votre sort sera fixé, et de n'omettre aucun détail sur cette cérémonie, qui nous intéresse plus que je ne puis dire. Exprimez bien à M. de Bligny combien nous regrettons de ne pouvoir aller lui faire notre compliment sur l'acquisition qu'il va faire; et essayez de l'éclairer sur votre caractère. Pour le lui faire bien connaître, je n'aurais eu qu'à raconter ce que je sais; mais ce sera pour plus tard, et vous ne perdrez rien pour attendre. Rappelez-vous le passé, et voyez si vous devez trembler en pensant aux révélations que je puis faire !

Adieu, ma bien chère Alicie; songez à moi dans cette journée décisive; vous serez sûre de vous associer à mes pensées, qui seront toutes à vous. Mes pauvres iront implorer pour vous celui qui vous récompense comme vous le méritez, et qui, j'espère, écartera de vous tous les malheurs dont vous cherchiez à consoler les autres. Je vous quitte pour retourner auprès de mon beau-père. C'est passer d'une tendre affection à un attachement sincère, et en suivant un des exemples que j'ai reçus de vous, il m'est moins pénible de cesser de causer avec vous; c'est toujours vous prouver combien je vous aime. Adieu, adieu, soyez heureuse !.....

Zoé Durand.

LETTRE DERNIÈRE.

LA Mᵐᵉ DE BLIGNY A Mᵐᵉ ZOÉ DURAND.

Son mariage. — Fuite de la comtesse de Roseville. — MM. Auvity et Kinson. — Réflexions sur ce qui peut assurer le bonheur d'une femme.

Paris.

Ah! mon amie, comment vous exprimer le chagrin et le trouble où je suis! Comment vous rendre un compte exact de tout ce qui, depuis huit jours, est venu bouleverser toute mon existence! J'ai tant de choses à vous dire que je ne sais par où commencer, et mes pensées sont si confuses que je désespère presque de mettre de l'ordre dans mon récit; cependant j'éprouve le besoin impérieux d'épancher mon ame dans celle de ma Zoé. Je n'ose laisser voir tout ce qui la déchire à ceux qui m'entourent ; ce serait augmenter leur douleur du poids de la mienne. Je dois donc faire tous mes efforts, pour tâcher de chercher des consolations pour eux et pour moi. Hélas! dans ce moment je n'en trouve pas!

Je m'aperçois que ce préambule est fait pour vous donner de vives inquiétudes, et que vous croirez peut-être le mal plus grand qu'il ne l'est. Votre tendre amitié redoutera pour moi un malheur personnel. Je me hâte donc de vous dire, que je suis mariée depuis hier, et que tout ce que l'amour vrai peut ajouter de grâce à des avantages de fortune considérables, a été fait pour ma mère et moi par M. de Bligny. Il est aussi bon, aussi empressé, aussi aimable que nous puissions le désirer, et il paraît si heureux que mon bonheur serait trop grand s'il n'avait été troublé par l'événement le plus inattendu.

Madame de Rosville arriva il y a huit jours avec sa tante, Sophia et ce M. de Pahren que je désirais tant connaître, puisque c'est lui qui a changé le caractère de M. de Bligny, et l'a rendu ce qu'il est aujourd'hui, le plus parfait des hommes. Nous fûmes douloureusement frappées du changement de la figure de madame de Roseville, et, au bout de quelques heures, de celui de son caractère. Au lieu de cette bienveillance qu'elle témoignait à tout ce qui l'approchait, nous remarquâmes une extrême brusquerie. Cette gaîté douce, tempérée par quelques momens de mélancolie, était remplacée par une tristesse extrême; enfin au lieu de cette conversation vive et brillante qui faisait le charme de la société, nous n'entendions que quelques monosyllabes prononcés avec peine et exprimant l'ennui.

Tous nos efforts pour ramener madame de Roseville à son humeur ordinaire furent vains, et jugeant qu'une souffrance physique pouvait seule produire de tels effets, nous priâmes le lendemain M. Auvity, médecin et ami de la maison, de venir; en lui faisant part de nos craintes, nous lui demandâmes d'aller chez la comtesse comme pour la féliciter sur son retour, de ne pas lui parler de sa santé si elle n'en disait rien, mais de l'observer assez pour nous instruire de ce qui pouvait avoir amené le changement qui nous frappait.

M. Auvity, spirituel autant qu'il est habile praticien, passa une heure chez madame de Roseville qui l'aime extrêmement ; après cette visite il monta chez ma mère, et nous certifia que notre amie n'avait aucune maladie. « Je » la connais depuis long-temps, nous dit-il, et » j'ai prédit ce qui arrive aujourd'hui. Madame » de Roseville, lasse des hommages qu'attirent » toujours une grande fortune et une jolie fi- » gure, ennuyée des plaisirs du monde qui » étourdissent les sots et fatiguent les gens qui » veulent autre chose que de la fumée, madame » de Roseville, dis-je, éprouve un vide de cœur » et de pensées, qui lui donnent ce que les An- » glais nomment le *spleen*. Je lui ai pris la main, » elle n'a point de fièvre ; nous ne lui connais- » sons aucune cause de chagrin véritable ; ainsi je » vous répète qu'elle n'éprouve qu'une langueur » dont il faut à tout prix essayer de la faire sor- » tir. J'en suis à désirer presque qu'un événe- » ment douloureux vienne la tirer de cet état » d'atonie ; il peut avoir des résultats fâcheux

» à la longue sur sa santé, qui, je vous le jure,
» est encore très-bonne. Tâchez de lui trouver
» des distractions dignes d'elle, c'est-à-dire, des
» pauvres à soulager, des artistes à faire con-
» naître, et elle sera bientôt ce que nous l'avons
» toujours vue. On a eu tort de la laisser par-
» tir, ses courses solitaires dans les montagnes
» lui ont permis de se livrer à ses idées roma-
» nesques sur ce qu'elle croit devoir à la mé-
» moire de son mari, et voilà ce qui a fait tout
» le mal. »

Pendant ce discours ma mère avait un air sérieux et sévère que je lui ai rarement vu; elle ne dit pas un mot, mais sitôt que M. Auvity fut parti, elle descendit chez madame de Rose-ville, y resta très-long-temps, et lorsqu'elle revint près de moi, je fus étonnée de lui voir les yeux fort rouges. Habituée à ne jamais l'interroger, j'attendais que, comme à l'ordinaire, elle daignât m'instruire de ce qui l'affligeait, pour la soulager d'une partie de ses peines en en prenant la moitié; pour la première fois elle me les cacha, et ne prononça pas une parole qui pût m'éclairer sur ce qui se passait en elle.

Le lendemain et les jours suivans je vis peu madame de Roseville, qui était toujours en courses pour les emplettes et les arrangemens à faire pour le mariage de Sophia et le mien. L'agitation de ce genre de vie lui rendait un peu de cette vivacité que nous trouvions perdue; mais elle était triste dès qu'elle ne parlait pas de ces préparatifs hâtés par ses soins, et plusieurs fois je surpris ses yeux remplis de larmes. Son notaire eut avec elle une longue conversation, après laquelle elle parut plus calme; enfin, hier elle vint dans ma chambre où se trouvait Sophia. C'était le jour fixé pour nos noces, et nous devions être habillées toutes deux dans la même chambre pour éviter les *allées et venues* de toutes les femmes de la maison, ne sachant où donner de la tête, tant elles attachaient d'importance aux fonctions de femmes de chambres *des mariées...*

Madame de Roseville s'occupa fort de ma parure, voulut placer elle-même les fleurs, le voile, et orner mon col et mes bras des belles perles qui se trouvaient dans ma corbeille. Je fus étonnée de ne pas lui voir la même complaisance pour Sophia: celle-ci, avec sa timidité ordinaire, n'osait s'approcher, mais jetait sur nous des regards affligés dont j'étais pénétrée; je sentais combien sa position rendait sa situation pénible, et je blâmais la comtesse de ne pas chercher à alléger le poids de ses bienfaits, en les offrant avec la tendresse maternelle qu'elle avait promise à la pauvre orpheline. Pour ramener vers elle l'attention de sa mère adoptive, je louai la charmante figure de Sophia, à laquelle cette coiffure de vierge ajoutait un nouveau charme. « Oui, elle est bien, » dit sèchement la comtesse sans la regarder, et elle n'en resta pas moins uniquement occupée de moi.

Nos toilettes achevées, nous descendîmes dans le salon où nous attendaient MM. de Pahren, de Bligny et quelques personnes. Au moment de partir pour la mairie, madame de Roseville me prit par la main, et me conduisant près de M. de Bligny : « Je vous confie
» son bonheur, monsieur, lui dit-elle d'une voix
» émue; le vôtre est assuré par votre choix :
» puissiez-vous tous deux ne jamais oublier que
» c'est à moi que vous le devez. » Elle se précipita alors dans mes bras et fondit en larmes.

« Et Sophia, dis-je tout bas, ne lui adresserez-
» vous pas un mot tendre? Elle n'a de mère
» que vous!..... — Sophia saura bientôt quelle
» tendresse j'ai pour elle; il est inutile que je
» lui en parle, elle ne me comprendrait pas,
» absorbée comme elle l'est dans son amour. »

Nous partîmes, la cérémonie de la municipalité se passa très-paisiblement.

Nous reçûmes la bénédiction nuptiale à Saint-Philippe du Roule. Le respectable curé nous fit un si touchant discours, que M. de Bligny en fut aussi attendri que moi.

Nous nous séparâmes là, M. et madame de Pahren allant à la chapelle de l'ambassade d'Angleterre. Madame de Roseville les y suivit, et nous revînmes les attendre ici. Je fus étonnée de ne pas voir madame de Roseville revenir avec M. et madame de Pahren; sa tante me dit que la chaleur de la chapelle l'avait indisposée, qu'elle s'était trouvée trop souffrante pour assister au déjeûner, mais qu'elle descendrait dès qu'il serait fini. Je voulus monter auprès d'elle; on m'en empêcha en m'observant que le repos lui était nécessaire et qu'elle avait déclaré vouloir dormir.

Le déjeuner fut triste. Lorsqu'il fut fini, j'envoyai Laure et Marie demander à leur mère si elle me permettait d'aller auprès d'elle. Ces enfans ne revenant pas, je conçus des inquiétudes; et ne pouvant résister au désir de savoir par moi-même comment était la comtesse, je traversais l'antichambre pour me rendre chez elle, lorsque je fus arrêtée par un valet-de-chambre en pleurs qui me remit une lettre. Je reconnus l'écriture de madame de Roseville; je fus assaillie de cruels soupçons que je repoussais vainement, je brisai le cachet, et trouvai ce qui suit :

« Votre mère m'a ouvert les yeux sur ce que
» j'éprouve, mon Alicie bien-aimée; et lorsque
» cette fatale lumière est venue dissiper les té-
» nèbres dont je m'obstinais à m'entourer, il
» n'y avait plus pour moi de remède que dans
» la fuite. Votre raison si au-dessus de votre
» âge, votre tendre amitié pour moi doivent ob-
» tenir une confidence qui, d'ailleurs, sera une
» expiation de ma folie. *J'aime ou plutôt j'adore*

» *M. de Pahren.* Voyez maintenant si je pouvais
» rester témoin d'un bonheur qui assure le mal-
» heur de mon existence entière.

» Depuis mon retour, je ne me suis occupée
» que des préparatifs nécessaires à un exil vo-
» lontaire dont je n'entrevois pas le terme;
» je ne vous reverrai que lorsque je serai gué-
» rie d'un sentiment qui, je le crains, ne finira
» qu'avec moi. Mon notaire a mis en ordre des
» affaires qui ont toujours été en bon état. Je
» l'ai chargé d'assurer et de payer les pensions
» aux gens qui m'appartenaient et aux pauvres
» soulagés par l'homme que je n'ose plus
» nommer depuis que je suis infidèle à sa mé-
» moire. Il vous remettra la liste de ces infor-
» tunés, et je suis sûre que vous remplacerez
» par les vôtres les soins que je donnais à leurs
» maux.

» M. de Bligny n'a rien voulu recevoir pour
» vous; mais il n'a pu s'opposer à ce que votre
» mère eût une rente viagère de 6,000 francs;
» elle la touchera régulièrement, et vous ac-
» cepterez avec plaisir mon portrait en pied
» peint par Kinson avec sa perfection accoutu-
» mée. J'y suis représentée avec mes enfans que

» je ravis à votre tendresse en les emmenant.
» C'est être certaine que ce tableau vous sera
» cher. Ces pauvres petites me trouvent cruelle
» de partir le jour du mariage de leur amie ; du
» moins elles ont l'espoir de vous revoir, mais
» moi!....

» M. de Pahren, ainsi que son ami, a refusé
» avec opiniâtreté la dot que je voulais donner
» à mademoiselle Dickson ; mais comme votre
» bonheur ne serait pas complet, si votre mari
» éprouvait le chagrin d'être séparé de l'homme
» qu'il préfère avec raison à tous les autres, j'es-
» père que M. de Pahren, par affection pour lui,
» consentira à l'abandon que je fais à sa femme
» de mon hôtel pendant trois ans, sous la con-
» dition que mes tantes y conserveront leurs
» logemens. Votre maison touchant la mienne,
» les deux familles n'en feront qu'une ; et lors-
» que je serai éloignée de toutes les personnes
» que j'aime, ma plus grande consolation sera
» de penser qu'elles s'occupent souvent de moi,
» et de pouvoir me représenter les lieux où
» elles se réunissent. C'est donc comme un ser-
» vice que je vous prie d'obtenir de M. de Pahren,
» ce que je n'ose lui proposer moi-même.

» Je pars pour l'Italie ; mais je ne sais encore
» dans quelle ville je me fixerai. Dès que je serai
» installée quelque part, je vous le manderai. En
» attendant, mon notaire se chargera de vos
» lettres qu'il me fera passer, sachant l'itiné-
» raire de la route que je dois suivre. J'ai besoin
» d'être quelque temps seule avec mes enfans, et
» je veux surtout éviter que votre dévouement,
» celui de votre mère et de mes tantes, ne trou-
» blent ma solitude. Le beau ciel de l'Italie, les
» soins assidus que je prodiguerai à mes filles
» pour chercher à vous remplacer près d'elles, les
» ruines admirables que je parcourrai parvien-
» dront peut-être à me distraire. J'y ferai tous
» mes efforts, puisque dès que je serai raison-
» nable, je serai près de vous tous que je
» chéris. Priez pour que ce soit bientôt. Vos
» prières doivent être efficaces, vous êtes si
» pure !....

» Cachez, je vous en supplie, à M. de Pahren
» la cause de mon brusque départ, et plus en-
» core à sa femme ; son noble cœur ne goûte-
» rait plus le bonheur si elle savait ce qui se
» passe dans le mien : je la connais assez pour
» avoir eu la force de dissimuler ce qui me dé-

» chirait; et je serais au comble de la douleur
» si elle découvrait la vérité. Instruisez votre
» mari; car le premier de vos devoirs, mon
» amie, est de ne pas recevoir une confidence
» qui serait pour lui un mystère. Vous n'aurez
» rien à apprendre à Caroline; c'est elle qui
» m'a instruite de ce que je voulais me cacher
» à moi-même. Que mes tantes ignorent aussi
» l'excès de ma folie : dites-leur que je ne pou-
» vais supporter la vue de deux ménages qui me
» rappelaient que j'avais été heureuse aussi; en
» un mot, je confie mon fatal secret à votre pru-
» dence, et je me fie à votre sagesse pour taire
» ce qui donnerait de moi l'idée la plus défavo-
» rable.

» Adieu, mon Alicie. Lorsque vous lirez cette
» lettre je serai déjà loin de vous. Je regrette
» d'être partie aujourd'hui, mais mon courage
» était à bout; une heure de plus peut-être, et
» j'instruisais tout le monde de ce qui ne peut
» être déposé que dans le sein d'une amie comme
» vous. Adieu! aimez-moi malgré mes torts;
» écrivez-moi, et envoyez vos lettres à celui qui
» vous remettra les miennes. Adoucissez auprès
» de mes bonnes tantes le chagrin d'une sépa-

» ration cruelle. Dites-leur qu'elle sera courte ;
» que je ne leur écris pas aujourd'hui, persua-
» dée que, passant par votre bouche, cette nou-
» velle sera moins pénible ; enfin sauvez-moi du
» désespoir d'avoir causé le leur. Alicie, chère
» Alicie! adieu, adieu ! »

Je ne puis vous dire, chère Zoé, ce que j'é-
prouvai en lisant cette lettre, car je l'ignore
moi-même. Mes yeux suivaient machinalement
ces lignes, dont je ne distinguais pas un mot,
et je tombai sur un siège, pleurant amèrement
sans savoir précisément pourquoi mes larmes
coulaient. M. de Bligny, inquiet à son tour de
ma longue absence du salon, sortit pour venir
me chercher : il me trouva dans un état tellement effrayant qu'il perdit absolument la tête et
se mit à appeler ma mère et M. de Pahren, avec
une voix si forte, que toute la société fut près de
moi en un instant, et que les domestiques accou-
rurent en foule. Ma mère, toujours maîtresse
d'elle-même et devinant une partie de la vérité,
s'empara de la lettre, qui était tombée à mes
pieds, et annonça que madame de Roseville
venait de partir. Alors tous les yeux furent hu-
mides, toutes les bouches exprimèrent les re-

grets les plus vifs, et chacun voulait courir sur ses traces et la ramener. Ma mère observa que ce serait désobéir, de la manière la plus formelle, aux volontés de son amie; elle assura qu'elle reviendrait bientôt, et parvint à ramener un peu de calme autour de nous.

Nous nous retirâmes chez moi, sous le prétexte que j'avais trop souffert pour ne pas avoir besoin d'être seule, et, seulement alors, je sus bien ce qui avait donné lieu à mes pleurs et au tremblement universel qui m'avait saisie. Ma mère me relut cette lettre que j'avais lue sans la comprendre. M. de Bligny nous dit que, depuis long-temps, il avait deviné les sentimens de la comtesse, mais que M. de Pahren était dans la plus grande ignorance à ce sujet; que, frappé des inégalités de madame de Roseville, il la supposait seulement capricieuse comme un enfant gâté. Nous résolûmes qu'on lui laisserait cette opinion.

Le notaire vint dans la journée remettre l'acte qui cédait la jouissance de l'hôtel de madame de Roseville à monsieur et madame de Pahren. Il nous apprit que c'était chez lui qu'était la voiture de voyage de la comtesse, chargée depuis la veille. Son projet n'était su que de lui, de madame Grimard et d'une femme de chambre, suivant toutes deux leur maîtresse. Madame de Roseville était sortie par la porte du jardin avec ses enfans et ses femmes; un fiacre l'attendait, et elle s'était rendue chez M***, d'où elle était partie. Il n'a pas voulu absolument nous dire le nom de la ville où elle va se retirer.

Nous n'avons reçu personne. Ma santé a servi de prétexte, et ce jour qui devait être si brillant et si gai a été le plus triste de ma vie.

Voici, ma chère Zoé, les détails à peu près exacts de ce qui s'est passé. Si je croyais aux présages, j'aurais de grandes appréhensions sur l'avenir; mais M. de Bligny est si parfaitement bon, que je ne puis douter de mon bonheur futur. Ma mère d'ailleurs ne me quitte pas, ainsi je suis sûre d'avoir, en toute occasion, les meilleurs conseils, et d'éviter tout ce qui pourrait troubler ma félicité. Si madame de Roseville eût eu un pareil guide, elle eût modéré cette imagination qui cause tous ses malheurs. Satisfaite de sa position, de la considération dont elle jouissait, du bien qu'elle pouvait faire, elle n'eût pas éprouvé cet ennui qui lui a fait quitter ses enfans et ses amis ; elle n'eût point rencontré M. de Pahren, et elle serait encore avec nous.

Vous partagerez ce que j'ai éprouvé, et j'irai me consoler près de vous sitôt que ma présence ne sera plus utile à mesdames de Granville et Vieville. En attendant, écrivez-moi, j'attendrai vos lettres avec une impatience plus vive encore que de coutume. Soignez-vous, chère Zoé, et répétons-nous mutuellement qu'une femme ne peut être heureuse qu'en repoussant tout ce qui peut exalter les impressions trop tendres de son cœur, et en se livrant exclusivement aux paisibles devoirs que lui prescrit la nature, et que lui commande la religion !

Marquise de BLIGNY.

FIN DE PARIS EN PROVINCE.

LE CHATEAU DE COPPET

EN 1807,

NOUVELLE HISTORIQUE,

Ouvrage posthume

DE Mᵐᵉ LA COMTESSE DE GENLIS.

AVIS

DU

LIBRAIRE-ÉDITEUR.

Lorsque je publiai les derniers volumes des Mémoires de madame de Genlis, il y a quelques années, madame de Genlis, qui souvent voulait bien me prendre pour secrétaire, et sous la dictée de laquelle j'écrivais, me donna, comme témoignage de son amitié, une *Nouvelle*, et me permit de prendre copie d'une autre. Celle qu'elle m'a donnée a pour titre : *la Femme seule*. Comme elle se trouverait en déharmonie avec l'ouvrage de madame Ducrest, je la conserve manuscrite. L'autre est *le Château de Coppet*. J'ai pensé qu'elle trouverait naturellement sa place ici. En effet, c'est en quelque sorte *Paris à Coppet* que madame de Genlis a voulu peindre, et je suis persuadé que le public appréciera ce délicieux tableau où les deux femmes les plus renommées de l'Europe se présentent, l'une comme peintre, et l'autre comme modèle, et cela à une époque où, si l'on peut ainsi parler, la retraite de madame de Staël était devenue le champ d'asile de la haute société du faubourg Saint-Germain persécutée par un grand homme.

LADVOCAT.

AVERTISSEMENT

DE L'AUTEUR.

———⊷⊶———

Je n'ai point écrit de Nouvelle historique où l'histoire fût plus fidèlement suivie que dans celle-ci ; mais je ne me suis point assujettie à suivre l'ordre chronologique des faits, et, pour l'intérêt de la narration, je me suis permis de classer les évènemens et d'arranger les dates à ma fantaisie. Quant à l'héroïne de ce roman, elle est représentée exactement telle que je l'ai vue. Je n'ai fait que copier le modèle que j'avais sous les yeux, et c'est un aveu modeste pour un auteur ; car le comble du talent eût été de l'inventer.

LE CHATEAU DE COPPET

EN 1807.

Le lac était tranquille, les premiers rayons du jour venaient de paraître. On voyait déjà se colorer d'une légère teinte de pourpre les montagnes de neiges et de glaces éternelles qui, au-delà du lac de Genève, forment à la petite ville de Lausanne une si brillante perspective. Sir Henry Seymour, jeune Anglais qui habitait Lausanne depuis trois mois, était déjà levé, habillé....... Il ouvre sa fenêtre, cherche des yeux le rocher qu'une fiction d'amour a rendu si célèbre. « O

» Meillerie, s'écria-t-il, je t'aperçois! oui, malgré
» la vapeur qui s'élève du lac et qui doit te ca-
» cher aux regards profanes des indifférens, je
» distingue ta forme pittoresque et je mesure
» ton effrayante élévation! O roche fameuse, tu
» seras toujours pour les amans malheureux un
» monument plus intéressant que les obélisques
» d'Italie et les pyramides d'Égypte!.... »

A ces mots, Seymour ferme la fenêtre, prend son chapeau et se hâte de sortir pour aller chercher son ami Verner qui devait, le jour même, le conduire et le présenter au château de Coppet.

On était à la fin du mois de juin de l'année mil huit cent sept, époque où la France triomphante imposait des lois à toute l'Europe. Seymour traverse rapidement deux petites rues, arrive chez Verner, le trouve endormi, le réveille et le presse de se lever. « Eh quoi? dit Verner, il n'est que cinq heures : il ne nous en faut tout au plus que sept pour aller à Coppet, nous arriverons à midi, et l'on ne nous attend qu'à six heures.

— » Nous nous promènerons dans le parc.

— » Quel empressement! Néanmoins, je conçois que n'ayant jamais été à Coppet, vous soyez impatient de visiter ce château, de voir la société réunie autour d'une femme dont la haute intelligence et la pensée indépendante ont donné de l'ombrage à celui qui, jusqu'à présent, n'a su que faire ployer toute puissance. Mais prenez garde, vous courez un danger dont vous ne vous doutez peut-être pas. Athénaïs est à Coppet. Cette jeune amie de madame de Staël, par un concours de circonstances fort singulières, a acquis une célébrité européenne à un âge où la beauté s'ignore elle-même.

— » Je le sais, dit Seymour, et quoique je n'aie pas été le témoin de la prodigieuse sensation qu'elle fit en Angleterre, il y a deux ans, j'ai assez entendu raconter tous les détails de ce voyage qui est resté historique, pour savoir que la beauté ne reçut jamais d'hommages plus éclatans; oui, mon cher Verner, c'est une double poésie qui m'attire à Coppet. Convenez que c'est une chose assez extraordinaire au milieu de tout ce fracas de royaumes vieillis, d'empires croulans, de trouver comme une oasis enchanteresse où règne le génie qui ne vieillit jamais, la beauté qui est une féerie toujours nouvelle.

En parlant ainsi, Verner s'habillait, sa toilette fut bientôt faite. On partit aussitôt et l'on s'embarqua sur le lac. La liaison de Seymour et de Verner était fondée sur une sympathie qui devait la rendre durable. Ils avaient tous deux l'imagination vive et poétique, et beaucoup d'originalité dans le caractère. Verner, allemand et protestant, était célèbre par deux tragédies, *Attila* et *Luther*, qui avaient eu le plus grand succès en Allemagne. Un système bizarre et trois mariages mal assortis rompus par le divorce l'avaient dégoûté de l'amour;

mais son ardente imagination avait besoin d'un grand sentiment. Il commençait à le chercher dans la religion qui depuis lui fit embrasser la foi catholique avec autant d'enthousiasme que de sincérité *.

Aussitôt que les deux amis furent dans le bateau, ils reprirent leur conversation.

« Depuis trois mois que dure notre liaison, dit Verner, nous sommes tellement livrés à nos occupations particulières, ou tellement distraits par la société, que voici la première fois que nous avons l'occasion de passer quelques heures tête-à-tête. Profitons de cette bonne fortune pour nous parler à cœur ouvert. Dites-moi, mon cher Seymour, vous êtes arrivé à Lausanne fort malade et fort mélancolique.

— »J'étais en effet venu chercher la santé sur le continent. D'amères chagrins, un amour malheureux m'avaient porté à quitter l'Angleterre

* Historique.

au moment où la guerre se déclara ; alors il me fut impossible de retourner dans ma patrie. Je fus retenu prisonnier; toutefois ma prison était vaste puisqu'elle embrassait tous les pays que Bonaparte contenait dans sa main inflexible. A cette époque, j'allai pour me distraire à la fête d'Interlaken ; je trouvais doux au milieu de mes profonds ennuis, et de l'asservissement général, d'assister à cette touchante commémoration d'un événement de délivrance. Les exilés de Coppet vinrent comme moi prendre part à cette noble fête, et moi-même prisonnier, je fus attiré vers des personnes dont la destinée avait quelque analogie avec la mienne. Toutefois la vue de madame de Staël et de sa jeune amie fut une vive apparition qui depuis n'a pu sortir de ma pensée. Je ne sais quel charme s'est répandu sur moi. J'ai senti comme une nouvelle existence, et tous mes chagrins se sont évanouis.

— » Je ne m'étonne pas que la réunion

de ces deux personnes si justement célèbres, ait produit cet effet sur vous, mais sans doute que l'une des deux a contribué plus que l'autre à ce prodigieux changement de tout votre être. Je le vois à présent, les craintes que je vous exprimais tout à l'heure pour votre repos sont plus fondées que je ne croyais. J'en suis certain, c'est Athénaïs que vous aimez. Je vous plains! — Pourquoi donc? — Athénaïs est une femme fort extraordinaire. Mariée à treize ans avec un homme séparé d'elle par la distance de l'âge, par des affaires immenses qui ne lui laissaient aucun loisir pour soigner une si frêle et si brillante destinée, elle se trouva ainsi comme jetée seule dans le monde avant d'y avoir été préparée. Sans guide et sans mentor, entourée aussitôt d'adorateurs, elle a conservé une réputation irréprochable; elle ne peut être indifférente aux hommages unanimes qui l'accueillent partout; elle ne voit dans tout l'empressement dont elle est l'objet qu'une vive admiration qui la flatte sans l'enivrer ou la séduire, et une bienveillance ingénieuse qui plait à son esprit sans trop l'émouvoir. L'amour, lorsqu'elle le croit sincère et pur, ne lui paraît qu'une exaltation de sensibilité qu'elle ne veut point partager et qui cependant l'intéresse ; elle ne sait pas repousser les sentimens qu'elle inspire, lorsqu'ils sont exprimés avec délicatesse et vérité ; elle n'a jamais donné de fausses espérances ; mais la séduction et le charme de ses manières causent souvent de dangereuses illusions qui peut-être aussi l'atteignent à son insu, quoique très-légèrement ; enfin, son cœur fermé aux passions violentes ne s'est ouvert jusqu'ici qu'à la seule amitié dont elle est en ce moment l'héroïne et la victime. Vous le savez, madame de Staël est exilée de France, vous n'ignorez pas qu'Athénaïs a voulu partager son sort, et que pour se réunir à son amie, elle a bravé les menaces, les ressentimens de la puissance formidable de celui qui fait trembler l'Europe.

— » Je vous déclare, mon cher Verner, que si vous avez l'intention d'armer ma raison contre l'attrait irrésistible qui m'entraîne, vous y réussissez fort mal. Mais, dites, comment se fait-il qu'avec un caractère si social et si doux, vous ayez divorcé trois fois ?

— »Pour éviter une infidélité que, dans mes principes, je regarde comme une espèce d'adultère.

— » Je ne vous comprends point.

— » Je le crois bien. Ceci tient à un système que voici. Je suis persuadé que la nature a formé pour chaque homme existant sur la terre, une femme qu'elle lui destine pour compagne, et qui seule peut lui convenir et faire son bonheur. Il ne s'agit que de la trouver.

— »Il faut donc faire le tour du monde quand on veut se marier. Car si cette femme, cet être unique, est née dans les déserts de l'Afrique ou de l'Amérique....

— » Non, le Créateur ne fait rien en vain. Il

a certainement fait naître les compagnes qu'il nous destine assez près de nous pour que nous puissions les rencontrer.

— » Mais si cette épouse prédestinée meurt avant *la rencontre*, et qu'ainsi le cherchant toujours nous soyons veufs sans nous en douter?

— » Eh bien, ne la trouvant pas, nous resterons dans le célibat. Vous ne manquerez pas de me reprocher mes trois mariages; mais j'en suis bien justifié par mes trois divorces.

— » Voilà une jolie justification.

— » C'en est une pour moi. Je ne me suis jamais marié qu'avec la persuasion que j'épousais l'objet que le ciel a formé pour moi. Aussitôt que j'ai connu mon erreur, je me suis hâté de briser des nœuds que j'ai regardés comme criminels, puisqu'ils m'eussent empêché de m'unir à la femme qui m'est réservée. Mes trois épouses étaient aimables; elles me plaisaient beaucoup à certains égards, mais dès que j'ai reconnu qu'il n'y avait aucune sympathie entre nous, elles n'ont plus été à mes yeux que des espèces de concubines. J'ai divorcé non par dégoût, par aversion, mais par un effort de raison et de vertu *.

— » Voilà de singulières idées. Mais quoiqu'il ne me soit pas possible de les adopter, je vois toujours avec plaisir une grande conformité entre nous. Car enfin, vous avez aimé, et du caractère dont vous êtes, je suis sûr que vous aurez bientôt un quatrième attachement.

— » Cela est fait.

— » Comment?

— » Et j'ai encore ceci de commun avec vous que l'objet de ma quatrième méprise est cette Athénaïs qui vous tourne la tête.

— » Est-il possible! Mais dois-je en être surpris? Comment la voir et ne pas l'adorer!

— » Cette erreur n'a pas été longue. Elle con-

* Ce système était absolument celui de M. Verner. Tout est vrai dans ce détail, les trois mariages, les trois divorces, etc., etc.

naissait mon système, et, lorsque je lui fis ma déclaration, elle me répondit en souriant que je me trompais et je la prenais pour *une autre*. Je désire, mon cher Seymour, que vous soyez plus heureux que moi. »

Les deux amis s'entretinrent ainsi pendant tout le trajet de Lausanne à Coppet. Ils arrivèrent en vue du château un peu avant midi. Ils quittèrent leur bateau à l'instant même, et allèrent à la grande porte du château. On connaissait Verner; on le laissa entrer. Ils gagnèrent les jardins dont ils parcoururent rapidement une partie. Ensuite ils s'assirent sur un banc, et Verner, répondant aux questions de Seymour, lui donna des détails sur les personnes qui composaient la société de madame de Staël :

M. Benjamin Constant, publiciste distingué, dont la carrière était destinée à avoir un si grand éclat, sans la dictature de l'homme qui a su dompter la révolution ;

M. de Montlosier, autre publiciste d'un genre bien différent, qui appartient au côté droit de l'Assemblée constituante; l'homme de France qui, incontestablement, connaît le mieux les anciennes institutions de la monarchie française ;

M. de Sismondi, plongé dans des sortes d'études fort peu connues dans ce moment, puisqu'elles ont pour objet le moyen-âge ;

Camille Jordan, orateur plein d'âme et de conscience, qui transporte à la philosophie morale l'emploi des facultés qu'il eût destinées à la tribune ;

M. de Barante, jeune homme sur qui la littérature française peut fonder de justes espérances ;

M. Elzear de Sabran, dont la conversation est souvent mêlée de ce qu'on appelle des mots, genre d'esprit d'un autre temps, mais qui ne suffirait point dans un tel lieu. Aussi M. de Sabran est-il à Coppet à d'autres titres. Il fait, sans efforts, des vers heureux auxquels il ajoute du prix par la manière aisée et distraite dont il les dit.

Le bon goût et la facile élégance de l'ancienne cour sont représentés à Coppet par le duc de Noailles : vous savez combien madame de Staël, qui apprécie tant l'esprit, sait aussi apprécier le ton et le savoir vivre de la France d'autrefois.

M. de Montmorency vient d'arriver au château sous le poids d'un exil auquel, il faut être juste, il avait bien des droits. Quoiqu'il soit jeune encore, il est l'un des modèles de la politesse et de la grâce des seigneurs de la cour du grand siècle ; et cette noblesse chevaleresque intéresse d'autant plus en lui, qu'elle est l'expression même de ses sentimens, et qu'elle est réunie aux qualités les plus solides et les plus attachantes, comme au caractère le plus élevé.

Vous trouverez encore à Coppet madame

de Krüdner, dont le roman de *Valérie* a eu tant de succès; madame de Montaulieu qui s'est placée si honorablement par celui de *Caroline de Lichtfield;* madame Lebrun, peintre distingué, dont les portraits aimables sont dans toutes les grandes galeries de l'Europe ; le comte Galofkin, Russe aimable et plein d'esprit.

La société de Genève arrive tout naturellement à Coppet; vous y rencontrerez souvent l'un des hommes les plus aimables de cette société, M. de Châteauvieux.

— « Il me semble, dit Seymour, que nous obéissons en ce moment à une des règles de l'épopée classique.

— » Comment cela?

— » Oui, vous venez de faire une revue des personnages qui doivent jouer un rôle.

— » Ah! c'est vrai, dit en riant Verner, je vous ai traité comme le héros d'une aventure merveilleuse, car c'est pour vous que j'ai fait le dénombrement des personnages. Toutefois je crains bien, ainsi que je vous l'ai déjà dit, que votre rôle ne soit pas aussi beau que je vous l'ai fait, il est vrai, sans le vouloir.

— »Oui, c'est une habitude de poète. Je vous remercie toujours de votre complaisance.

— »Je ne vous ai parlé que de ceux qui sont habituellement à Coppet. Je ne pouvais vous citer ceux qui s'y trouvent accidentellement. Tous les étrangers qui visitent la Suisse et la Savoie, ou qui vont en Italie, ne manquent jamais de faire un détour lorsqu'ils peuvent espérer la faveur d'être admis au château de Coppet. On est tellement accoutumé dans le pays à considérer ce lieu d'exil comme le rendez-vous de toutes les célébrités, que l'on remarque les voyageurs qui passent sans s'arrêter. En effet, ce ne sont jamais que des personnes qui craignent de se compromettre avec le gouvernement français, et qui veulent, aux dépens de leur curiosité ou de leur attrait, se soustraire à la funeste contagion du malheur. Mais je pense que dans la revue que j'ai faite, j'ai omis de vous parler d'un personnage très-important, puisqu'il est fixé auprès de madame de Staël. C'est le baron Schlegel *, homme

* Toutes les personnes qui connaissent M. Schlegel, s'apercevront aisément que madame de Genlis, si bon peintre d'après nature, a voulu opposer un portrait de fantaisie à ceux des personnages réunis au château de Coppet. Loin de prêter au ridicule, M. Schlegel est un des hommes les plus aimables qu'il y ait, tant par les grâces de son esprit que par l'affabilité de son caractère, quant au talent élevé de l'auteur qui a doté l'Allemagne d'une excellente traduction de Shakspeare, et occupé tout le monde littéraire par son cours de littérature, ce ne saurait être l'objet d'une controverse; et dans tous les cas, il nous conviendrait moins qu'à tout autre de prendre fait et cause contre des doctrines adoptées par les hommes distingués dont nous avons été les premiers à propager les œuvres. Madame de Genlis n'a jamais vu M. Schlegel; elle qui était si bonne, n'a failli que deux fois à sa bonté; d'abord envers Voltaire, dont elle ne pouvait pardonner l'impiété, et cette fois envers M. Schlegel, sans doute à cause de ce qu'elle appelait des hérésies littéraires. Certainement si madame de Genlis l'eût connu personnellement, son esprit appréciateur en eût porté un tout autre jugement.

(*Note de l'Éditeur.*)

d'un savoir prodigieux, mais esprit systématique qui a voulu appliquer à la poésie et à la littérature française des théories dont la liberté de la langue allemande peut seule, à mon avis, s'accommoder. La rare perfection de Racine n'a pu trouver grâce devant lui ; sérieusement, il a voulu refaire les vers de ce grand poète. Par exemple, il a proposé de substituer le mot *étrangler* au mot expirer, dans ce vers :

Dans les mains des muets viens la voir *expirer*.

— » Il faut avoir, dit Seymour, un grand courage pour oser ainsi toucher aux choses sacrées.

— » Ah! dans ce genre, M. Schlegel est un héros; il a ici plus d'assurance que partout ailleurs, parce qu'il a la prétention de croire que madame de Staël est au nombre de ses disciples.

— » Mais on dit qu'en effet elle a adopté quelques-unes de ses théories sur l'art.

— » Oui, pour prouver qu'avec un esprit supérieur tout peut se soutenir. Au reste, sans qu'il s'en aperçoive, elle se moque souvent de lui et de la passion qu'il a pour elle.

— » Ah! M. Schlegel est amoureux.

— » Et toujours avec l'espoir que sa constance et sa renommée triompheront des rigueurs de madame de Staël.

— » Dites-moi, quelle vie mène-t-on dans ce château? A quoi s'y occupe-t-on?

— » D'abord, on n'y joue jamais.

— » Quoi! pas même au wisth!

— » On cause, on écrit, on parle d'amour, de gloire, de littérature, de politique. Vous verrez une singulière coutume établie depuis un an. La journée finit non par une conversation, mais par une correspondance.

— » Une correspondance!

— » Oui, au lieu de se parler, on s'écrit.

— » J'entends, on met ses lettres dans une boîte, et le lendemain matin on les distribue...

— »Point du tout; cela serait froid et languissant. Voici comment cela se fait : chacun prend place autour d'une grande table ronde sur laquelle sont posés des plumes, du papier et des écritoires. Alors on se met à écrire une multitude de billets que l'on glisse, que l'on jette à l'objet auquel on veut s'adresser, et l'on reçoit aussitôt la réponse.

— » Cela est fort commode pour les déclarations d'amour.

— »Vous jugez bien que cela ne sert jamais à autre chose : souvent deux hommes amoureux de la même personne écrivent tous deux avec vivacité des billets qui partent ensemble ; les réponses se croisent, et l'on peut voir sur le visage de son rival comment il est traité. »

Comme Verner disait ces paroles on entendit l'horloge du château sonner quatre heures; on ne dînait qu'à six, mais Verner supposait qu'il y avait déjà du monde au salon, et l'on s'y rendit. Madame de Staël et Athénaïs n'arrivèrent qu'au moment où l'on allait se mettre à table. Le dîner fut très-prolongé, comme de coutume, par la conversation la plus animée. L'éloquence de madame de Staël, l'esprit de M. Benjamin Constant, les paradoxes du baron Schlegel, les anecdotes de M. de Sabran, l'ingénuité piquante, la grâce fine et spirituelle d'Athénaïs, firent écouler les heures avec une inconcevable rapidité.

Dans l'abandon de l'intimité, madame de Staël pouvait se livrer à tous les caprices, à toute la mobilité d'une imagination hardie et féconde; elle aimait à prendre et à abandonner les thèses les plus différentes, et quelquefois à prêter tous les secours de son esprit à des opinions et à des idées dont elle déguisait avec mille charmes le côté faible. Il arrivait souvent que le baron Schlegel, peu accoutumé à une telle flexibilité d'un génie si prompt, ne pouvait faire assez tôt le tour de l'intelligence humaine, et restait fixé sur le point par lequel avait commencé la discussion. Alors il croyait être en présence d'un paradoxe qu'il n'avait pas eu le temps de prévoir, et il se disposait à répondre lorsque madame de Staël avait déjà porté ailleurs son attaque et sa défense. C'est ainsi que ce jour-là, il s'éleva une grande discussion sur les unités, dans laquelle M. Schlegel exposa toute une théorie poétique et littéraire. Mais à propos de cette théorie, il déprécia avec une grande injustice le système dramatique adopté en France. Personne, sans en excepter madame de Staël, ne fut de l'avis de M. Schlegel. Il se fâcha et dit à madame de Staël qu'il était fort surpris qu'elle combattît une opinion qu'elle avait adoptée dans un de ses ouvrages.

— « En vérité, dit madame de Staël en souriant, je ne serais pas le premier auteur qui, connaissant sa force, ait eu la tentation de soutenir un paradoxe. » M. Schlegel se préparait à répondre avec aigreur lorsque M. de Sabran demanda la permission de jeter un peu de variété sur cet entretien par une petite anecdote qu'il avait entendu conter au chevalier de Boufflers *.

« Dans les premières années du règne de Louis XV, les deux plus belles personnes de la cour étaient la maréchale de Luxembourg et la comtesse d'Egmont. La première, vive, animée, remplie de charmes; la seconde, belle, mais dénuée de goût. On donna une fête magnifique à la cour. La comtesse y parut avec un habit superbe, mais bizarre, et qui fut trouvé ridicule; et tout le monde convint que cette parure de mauvais goût l'enlaidissait au point de la rendre méconnaissable. La seule maréchale de Luxembourg soutint que cet habit était charmant et que sa singularité ajoutait à son agrément. On prit ses louanges pour une ironie piquante; mais deux jours après, à un nouveau bal de la cour, la surprise fut extrême

* L'anecdote est vraie.

en voyant arriver la maréchale avec un habit absolument semblable à celui qui avait si mal réussi la surveille. On entoure la maréchale, on la regarde, et l'on s'écrie qu'on s'était trompé, qu'on avait mal jugé l'habit, et qu'en effet il est ravissant.... Cependant on avait fort bien jugé d'abord. C'était seulement la grâce de la maréchale qui donnait du prix à cet habillement bizarre..... » Ici M. de Sabran cessa de parler en regardant madame de Staël. On se mit à rire, et M. Schlegel, qui ne se doutait pas de l'application, rit comme les autres. « Je vois fort bien votre finesse, dit-il à M. de Sabran, vous avez voulu interrompre la discussion par une historiette tout-à-fait étrangère à la question.

— »Rien n'échappe à la pénétration de M. de Schlegel, reprit Benjamin Constant.

— »Oui, pour de la pénétration, je n'en manque pas, mais vous ne parviendrez pas à me faire perdre de vue le fond de la question.

Revenons, s'il vous plaît, à ce que j'avais l'honneur de demander tout à l'heure à madame, et je la prie de me répondre.

— » Allons, dit madame de Staël, les calèches sont prêtes, allons faire une promenade au bord du lac. » Alors elle se leva, et malgré les réclamations, les plaintes amères et les cris de M. Schlegel, on partit.

Le soir on se rangea, comme de coutume, autour d'une table pour écrire. M. Schlegel ne manqua pas de renouveler son éternelle question : il écrivit à madame de Staël une longue lettre d'explications, et, pour toute réponse, madame de Staël passa sur-le-champ cette lettre à Athénaïs, et toutes deux se mirent à rire, ce qui donna tant d'humeur à M. Schlegel, qu'il se leva, sortit brusquement et alla se coucher.

Cependant Seymour voulant profiter de ce moment favorable, écrivit à Athénaïs un billet qui contenait la déclaration d'amour la plus passionnée. Athénaïs ne voulut point renvoyer ce billet, ce qui aurait fait une scène; elle prit une feuille de papier, et, au lieu d'écrire, elle traça seulement quelques points. Seymour, après avoir réfléchi quelque temps sur ce billet muet, écrivit celui-ci :

« Dix points! ils représentent sûrement un
» mot que vous n'osez écrire, et ce mot con-
» tient dix lettres. Ah! je le devine, je le devine
» avec transport. Ces dix points signifient *per-*
» *sévérez*. Je n'avais pas besoin de cet ordre
» si cher, mais qu'il m'est doux de le recevoir
» tracé de votre main! Je conserverai jusqu'au
» tombeau ce mystérieux billet qui me rend le
» plus heureux des hommes. »

Athénaïs après avoir lu, en souriant, ce billet, renvoya celui-ci :

« Vous m'apprenez que l'amour-propre est
» un interprète ingénieux, mais qu'il n'est nul-
» lement pénétrant. »

Seymour répliqua que rien ne le dissuaderait de sa première idée; qu'il *persévèrerait* dans ses sentimens, jusqu'au tombeau; ce qui termina la correspondance de cette soirée.

Le lendemain, madame de Staël annonça une grande nouvelle, l'arrivée au château du jeune prince Frédéric de Prusse. Ce prince, cinq mois auparavant, avait été fait prisonnier sur sa parole à la bataille d'Eylau. Il avait séjourné à Metz et à Soissons, et ayant obtenu la permission d'aller en Italie, en passant par la Suisse, il vint faire une visite à madame de Staël qu'il avait connue à Berlin. Cette nouvelle fut très-agréable aux femmes de la société, elles éprouvaient un vif intérêt pour ce jeune prince, dont le brillant courage, les malheurs et ce beau nom de Frédéric de Prusse, faisaient naître tant d'idées élevées et romanesques. Cette impression fut tellement manifestée, surtout par Athénaïs, qu'elle excita presque parmi tous les hommes une secrète jalousie, que M. de Schlegel montra avec sa finesse ordinaire. « Mais, dit-il, ce prince de famille royale sera très-gênant. Combien de temps restera-t-il ici ?

— » Autant qu'il s'y plaira, répondit madame de Staël; mais j'espère que ce sera au moins quinze jours, et je ne négligerai rien pour lui rendre agréable le séjour de Coppet.

— » Parce que c'est un prince, reprit M. de Schlegel; et cependant un prince n'est qu'un homme.

— » Voilà, dit madame de Staël, une pensée bien forte.

— » Elle n'est pas neuve, reprit Seymour, mais elle est vraie. Si ce prince était un simple particulier vous inspirerait-il, madame, un intérêt aussi marqué ?

— » Non, certainement, car le beau nom du grand Frédéric, dignement porté, est bien plus intéressant que le nom d'un simple particulier.

— » Oui, dit Athénaïs, il y a dans ces noms historiques je ne sais quoi qui saisit l'imagination et qui touche profondément le cœur, quand ils sont unis à de grandes infortunes.

—» Et surtout, ajoute M. de Schlegel, si ces princes sont jeunes et beaux, n'est-ce pas, madame?»

M. de Schlegel éclata de rire en faisant cette question qui lui parut une épigramme remplie de finesse et de malice. Athénaïs rougit; Seymour, qui la regardait fixement, soupira, et madame de Staël ajouta:

« Nous conviendrons, sans détours, que les héros nous plaisent davantage quand ils sont aimables.

—» Il est donc aimable, ce prince?

—» Très-aimable, reprit M. de Montmorency, quand il a envie de plaire.

—» Ah! cette envie ne lui manquera pas ici, dit Seymour. »

En ce moment, on entendit le bruit d'une voiture. C'étaient des visites. Madame de Montaulieu, madame Necker, le comte Golofkin et le prince Volkonski entrèrent dans le salon. L'éloquente colère de M. de Schlegel fut suspendue par l'arrivée de ces visites; il ne songea plus qu'à briller devant les nouveaux venus, dans le genre rêveur et par quelques dissertations romantiques. Cependant il eut encore un chagrin. Madame de Staël annonça qu'au lieu d'écrire les soirs, on causerait, parce que le prince n'étant au fait ni des intérêts particuliers, ni des plaisanteries de société, ne pourrait prendre part à cet amusement, et qu'ainsi elle le supprimait.

—« Il est pourtant cruel qu'un prince vienne ainsi bouleverser toute une société, il est dur de se soumettre à un tel despotisme. »

On rit de ce mot despotisme si bien placé. M. de Schlegel ne s'en fâcha pas. Il croyait avoir dit un mot très-piquant, car il prenait communément le rire qu'il excitait pour un succès. L'amour-propre donne souvent ce bon caractère à beaucoup d'autres personnes.

Tout le reste du jour, on ne parla que du prince, de son courage, de ses malheurs qui, en le privant de sa liberté, l'empêchaient de retourner dans sa patrie.

— « Il est aussi remarquable que romanesque, dit madame Krudner, que ce jeune prince arraché à son auguste famille, à son pays dévasté, soit conduit par la Providence dans ce château rempli d'illustres exilés.

— » Oui, reprit madame de Staël, la puissance aveugle qui fournit à l'histoire des pages qui paraîtront fabuleuses à la postérité, cette puissance qui, au lieu de chercher à se consolider, ne cherche qu'à s'étendre, en renversant tant de trônes, bouleverse toutes les destinées particulières et produit autant de romans merveilleux que de faits historiques. Mais, poursuivit-elle, en regardant Athénaïs et M. de Montmorency, dois-je me plaindre du despotisme qui, en m'éloignant de la France, m'a fait connaître jusqu'où peut aller la générosité de l'amitié fidèle. Cette rigueur n'a servi qu'à rassembler et à fixer près de moi des amis qui me sont si chers....

— » Ah! reprit Athénaïs, avec l'accent le plus touchant, peut-on, près de vous, se croire exilé ? »

Ce jour même, un dernier courrier du prince vint annoncer qu'il arriverait sûrement le lendemain entre quatre et cinq heures de l'après-midi. Ce grand jour arrivé, toutes les dames du château se trouvèrent rassemblées dans le salon à quatre heures précises. Les hommes remarquèrent que les dames étaient toutes beaucoup plus parées que de coutume, à l'exception de la seule Athénaïs, mise en apparence avec une grande simplicité, mais avec une recherche de goût et d'élégance qui ne pouvait échapper à l'œil pénétrant de l'inquiet Seymour. Il était assis à l'écart, à côté de Verner, dans un coin du salon.

— « Ah ! mon ami, lui dit-il tout bas, elle n'a jamais été aussi belle, je suis perdu !

— » Comment ?

—» Soyez sûr qu'il y a du sentiment dans le désir de plaire qui rend la beauté si charmante.

— » Du sentiment ! elle ne l'a jamais vu.

—» Elle en a entendu parler si souvent ! Son imagination est déjà exaltée, séduite..... Un prince brillant de jeunesse, de courage et de revers romanesques, ce nom qui retrace un règne si fameux, une gloire si récente, ce trône élevé si haut par les arts et les armes, et que la guerre aujourd'hui sape et foudroie sur la tombe à peine fermée du grand Frédéric, que d'événemens merveilleux ! Et quelle impression ils doivent produire sur le cœur d'une femme si jeune, dont l'imagination est si vive et qui n'a jamais connu l'amour !.... D'ailleurs, comptez-vous pour rien l'influence de ce maudit château où rien ne se passe comme ailleurs, où l'amour et l'amitié n'ont rien de vulgaire, où l'on respire un air contagieux qui échauffe et tourne toutes les têtes, et qui donne aux entretiens, aux passions, aux lettres datées de ce séjour magique, je ne sais quoi d'extraordinaire et d'idéal qui manque peut-être quelquefois de justesse, mais qui subjugue, qui entraîne l'imagination... »

A ces mots, Verner sourit, et Seymour s'arrêta; il voyait Athénaïs se lever et sortir du salon.

Athénaïs, inquiète et préoccupée, monta dans son appartement. Elle alla ouvrir une fenêtre d'où l'on pouvait découvrir tout ce qui entrait dans le château, ferma la jalousie et s'assit devant cette fenêtre. Elle prit un livre, mais son agitation ne lui permit pas de lire une seule ligne..... Au bout d'un quart d'heure, elle tressaille : elle apercevait une voiture, elle se lève précipitamment, se penche vers la jalousie.... La voiture approche avec rapidité, et bientôt elle s'arrête, s'ouvre, et Athénaïs voit avec émotion le jeune prince en descendre. Elle ne peut distinguer ses traits, mais elle est charmée de sa bonne grâce, de la noblesse de sa démarche, et de l'élégance remarquable de sa tournure.

Le prince entre dans le château. Athénaïs entend la voix de madame de Staël qui était allée au devant de lui pour le recevoir à la porte du vestibule.

Tandis qu'Athénaïs interdite hésitait à quitter sa chambre, et brûlait cependant de retourner dans le salon, le prince, suivi de ses aides-de-camp, y paraissait conduit par madame de Staël. Cette dernière lui présenta les dames qui s'y trouvaient et lui nomma les hommes. Pendant ces présentations, le prince qui en attendait une de plus, la cherchait en jetant des yeux distraits hors du cercle. Enfin, il s'assit à côté de madame de Staël, et la conversation devint générale. Tout à coup la porte s'entr'ouvre lentement et Athénaïs s'avance. Le prince se lève avec vivacité. A l'élégance de sa taille, à l'éclat éblouissant de sa figure, il ne peut la méconnaître ; mais il s'était fait d'elle une idée toute différente ; il s'était représenté cette femme si célèbre par sa beauté, fière de ses succès, avec un maintien assuré et cette espèce de confiance que ne donne que trop souvent ce genre de célébrité : et il voyait une jeune personne timide s'avancer avec embarras et rougir en paraissant, le plus doux sentiment se mêla à sa surprise ; il ne pouvait se lasser de la contempler.

A dîner, madame de Staël plaça Frédéric entre elle et Athénaïs. Malgré toute l'éloquence de madame de Staël, Frédéric ne put dissimuler une distraction invincible. Athénaïs ne parut pas moins préoccupée. Seymour, qui l'observait, sortit de table désespéré.

Après dîner, on ne sortit point, à cause de la chaleur excessive ; on descendit dans la galerie pour faire de la musique jusqu'à l'heure de la promenade. Une harpe portative, d'une forme très-élégante, fut posée sur les genoux d'Athénaïs. Après quelques accords brillans et des sons harmoniques d'une douceur enchanteresse, Athénaïs chanta, en s'accompagnant, un air charmant de la reine de Hollande : *Fais ce que dois, advienne que pourra.* Le rapport de ces paroles avec la situation des illustres exilés, le charme, la beauté de la voix d'Athénaïs, la grâce de son attitude causèrent une admiration qui fut exprimée avec enthousiasme. Le prince l'écouta avec ravissement, et, lorsqu'elle eut fini de chanter, il la regarda avec un trouble inexprimable, en s'écriant : *Et des talens !...* Ce mot exprimait tant de choses, il fut prononcé avec un accent si pénétrant qu'il fit tressaillir Athénaïs. Pour cacher son émotion, elle se leva et alla s'asseoir auprès d'une table à l'autre extrémité de la galerie. Une partie de la société fut la rejoindre, et l'on s'établit autour de la table, où commença la correspondance accoutumée. Les aides-de-camp du prince et quelques autres personnes se promenèrent sur la terrasse. Le prince, ne voulant pas écrire, resta assis auprès de madame de Staël. Au milieu de toutes ces personnes occupées, c'était une espèce de tête-à-tête; et il en désirait un. Il s'établit une conversation à voix basse, et le prince commença à faire des questions sur toutes les personnes dont il ne se souciait pas, afin d'arriver à celle qui l'intéressait si vivement. Quand il les eut toutes passées en revue, sans écouter les réponses, il trouva lui-même qu'il n'était nullement naturel qu'il parût avoir oublié la plus remarquable, et qu'ainsi, cette espèce d'indiscrétion ne pouvait que trahir sa pensée. Il lui fut impossible d'oser prononcer le nom d'Athénaïs; il restait muet en regardant madame de Staël avec un extrême embarras. L'esprit peut servir à cacher ce qui n'occupe que la tête et l'imagination, mais il est presque toujours maladroit quand il veut déguiser ce qui se passe dans le cœur. Les grands yeux pénétrans de madame de Staël, fixés sur Frédéric, causaient à ce prince une espèce de saisissement. Il ne savait comment s'y prendre pour continuer cet entretien, lorsque tout à coup la galerie retentit des cris aigus de M. de Schegel. Le prince fut charmé de cet incident, qui le tirait d'embarras. Il se leva, et, s'approchant de M. de Schlegel, il lui demanda en riant la cause de ses bruyantes exclamations. M. de Schlegel apprit au prince qu'Athénaïs refusait obstinément de lui répondre, et ne voulait pas continuer une dissertation pleine d'intérêt commencée la veille. Il ajouta qu'il ne lui avait jamais vu une telle distraction. Madame de Staël accourut pour calmer cet orage ; elle imposa doucement silence à M. de Schlegel, et, prenant Athénaïs par le bras, elle passa avec elle sur la terrasse. Le prince l'y suivit. Le jour finissait ; l'air était doux et parfumé. Madame de Staël s'établit sur un banc avec Athénaïs et le prince Frédéric. Là on causa long-temps. On était si bien !

Quelques personnes s'étant approchées, le prince se ressouvint qu'il était fatigué d'avoir couru la poste toute la nuit précédente, et il se retira : ce n'était ni pour dormir, ni même pour se coucher. Il retint dans sa chambre un de ses aides-de-camp qui, par sa gaîté, ses qualités estimables et son attachement pour lui, avait obtenu sa confiance et son amitié.

« Mon cher William, dit-il, que j'ai de choses à vous dire ! que vous allez être étonné !...

— » Point du tout, monseigneur, reprit William en souriant ; vous voilà amoureux pour une quinzaine de jours que nous avons à passer dans ce château....

— » Pour ma vie ! repartit le prince du ton le plus sérieux ; oui, pour ma vie ! »

A ces mots William resta pétrifié.

« Ah ! dit-il, voilà en effet du nouveau ! jamais Votre Altesse ne m'a parlé ainsi.

— » C'est que jusqu'ici je n'ai eu que des fantaisies ; j'aime pour la première fois, et je sens trop que rien n'affaiblira cette impression profonde. Quelle femme pourra désormais effacer de ma mémoire le souvenir de cet être charmant dont l'image me poursuivra partout! Ce malheur manquait à ma cruelle situation. J'avais trouvé assez de force en moi-même pour supporter avec courage les plus éclatans revers et la perte soudaine des illusions de l'ambition et des prestiges de la grandeur; mais si l'élévation de l'âme soutient dans de pareils événemens, à quoi sert-elle contre les peines du cœur? La fierté sait braver la fortune; elle ne peut rien contre l'amour....

— » Pourquoi donc, monseigneur, vous désespérer si promptement? Celle qui vous inspire une si violente passion ne peut-elle pas y devenir sensible?.... Votre Altesse m'a souvent reproché d'être curieux et questionneur, et ce sont des défauts qu'on reprendrait dans ce château si on en était corrigé.... Eh bien! eh bien ! monseigneur, je sais déjà une quantité de choses.

— » Une seule m'intéresse.

— » J'y vais répondre... Athénaïs, jusqu'à ce moment, n'a partagé aucune des passions qu'elle a inspirées. Uniquement sensible à l'amitié, elle n'a jamais connu l'amour.

— » Est-il possible !

— » Voilà ce qu'ils disent tous... Cet Anglais qui vient d'arriver en est éperdument amoureux.

— » Je m'en suis aperçu. Et vous croyez qu'il est sans espérance ?

— » J'en suis certain... Verner et de Schlegel m'ont dit que ce pauvre insulaire en a la tête tournée, mais qu'il ne s'abuse point sur cette passion malheureuse, et qu'il est persuadé qu'il n'obtiendra jamais d'elle le moindre retour.

— » Pourquoi serais-je plus heureux ? M'en flatter serait une présomption, une fatuité....

— » Monseigneur, outre la jeunesse et les agrémens extérieurs, vous avez pour vous la naissance, le rang, vous êtes un véritable héros de roman. Comment pensez-vous qu'une femme puisse résister à tout cela ? Et dans ce séjour qu'on pourrait appeler le château de l'amour et des fictions, et où vous apportez la réalité des fictions les plus nobles et les plus intéressantes que l'on puisse trouver dans les romans héroïques ; car vous y paraissez trahi par la fortune, mais brillant de courage, de gloire, et enfin avec le nom le plus illustre, de grandes aventures et une grande passion.

— » Non, William, quand j'aurais l'espoir de toucher son cœur, je respecterais l'innocence de sa vie et de sa tranquillité.

— » Ainsi, monseigneur, vous ne lui déclarerez point vos sentimens ?

— » Non, je veux qu'elle les ignore, et je quitterai dans peu de jours cette dangereuse habitation.

— » Quoi! si tôt!

— » Il le faut, je n'y aurai passé que trop de temps pour mon repos. »

Tandis que le prince ouvrait ainsi son cœur à son ami, madame de Staël, rentrée dans son appartement, s'entretenait, de son côté, sur le même sujet, tête-à-tête avec Athénaïs. « Oui, disait-elle, Verner n'a pas tant de tort. L'amour a sa Providence qui, en dépit des distances et de ce qu'on appelle destinée, réunit ceux qui doivent s'aimer. Il fallait, pour amener ici le prince de Prusse, que la bataille d'Eylau fût gagnée par Napoléon, que la monarchie prussienne penchât vers son déclin, que ce jeune prince fût fait prisonnier, qu'il eût la fantaisie d'aller en Italie, et celle de s'arrêter dans ce château, et qu'il vous y trouvât exilée. Sans tous ces événemens, vous ne vous seriez jamais rencontrés l'un et l'autre.

— » J'admire, répondit Athénaïs en souriant, avec quelle facilité vous composez un roman.

Cet amour du prince n'est que dans votre tête.

— » Il est beaucoup mieux dans son cœur. Nous avons eu aujourd'hui les premières pages d'un beau roman, d'un roman héroïque ; mais la gloire ne m'en appartient pas, mon imagination n'y est pour rien, ce n'est pas moi qui l'ai composé.

— » Eh, qui donc ?

— » C'est vous, c'est votre visage, votre grâce, votre esprit, toute votre personne.

— » Non, non, les romans dans ce genre sont trop dangereux, je n'en veux point faire.

— » Celui dont je vous parle est commencé, vous dis-je.

— » Eh bien, ce ne sera qu'un fragment.

— » Une passion véritable exige nécessairement une suite, et celle-ci, de la manière dont elle s'annonce, fournirait un poëme épique.

— » C'est beaucoup. Mais quel en serait le dénouement ?

— » Ne serez-vous pas libre quand vous voudrez?

— » Y pensez-vous? par un divorce?

— » Celui dont vous portez le nom ne s'y opposerait point si cela devait faire votre bonheur.

— » Oubliez-vous que je suis catholique?

— » Les lois de la France autorisent maintenant le divorce, et dans votre position vous pourriez y recourir sans scrupule.

— » Non, non jamais. D'ailleurs songez-vous à la naissance et au rang de celui à qui vous supposez cette passion chimérique?

— » Elle n'est point chimérique, l'amour applanit tous les obstacles. Il triomphera de votre délicatesse et de ses préjugés.

— » Quel chemin vous faites en quelques minutes!

— » Je prédis avec le cœur et l'imagination, et c'est ainsi qu'en amour on voit d'un coup-d'œil tout l'avenir. Dites-moi, n'est-il pas vrai que je n'exagérais pas quand je vous parlais de ce prince? une belle figure, des traits réguliers, des cheveux bruns, des yeux bleus, une physionomie expressive, un caractère généreux, une âme élevée.... que voulez-vous de mieux?

— » Mais il ne s'agit pas de faire un choix, et ce que je voudrais serait de conserver la paix et la tranquillité. »

Cet entretien se prolongea fort avant dans la nuit; et, quoique Athénaïs eût constamment le même langage, les saillies de madame de Staël contre l'indifférence ne lui déplurent pas. Le lendemain, le prince témoigna à madame de Staël le désir de la voir en particulier, ou seulement avec ses amis intimes, parce qu'il ne pouvait jouir de sa conversation au milieu de cent personnes. Madame de Staël lui promit de se retirer de bonne heure les soirs, et lui proposa de se rendre dans sa chambre. Elle ajouta qu'elle n'inviterait à ces soirées qu'Athénaïs et MM. de Montmorency et de Sabran. Le prince parut charmé de cette assurance. Le soir, après le souper, il regarda dix fois à la pendule, et il ne put s'empêcher de dire qu'il croyait qu'elle retardait; madame de Staël sourit; et enfin, à onze heures elle se leva. Quelques personnes restèrent dans le salon, d'autres se retirèrent; celles qui devaient suivre madame de Staël se rendirent dans sa chambre; et là, après avoir un peu causé, madame de Staël et Athénaïs demandèrent au prince quelques détails sur la manière dont il avait été fait prisonnier. Il satisfit leur curiosité à peu près en ces termes :

« Dans l'entière déroute de la funeste bataille d'Eylau, voulant en vain rallier les fuyards dispersés, je tombai avec mon cheval dans un marais dont il me fut absolument impossible de me retirer. Harassé de fatigue, légèrement blessé, mais perdant du sang, mes forces m'abandonnèrent. Je ne m'évanouis point : je conservai toute ma tête pour épuiser toutes les souffrances humaines dans cette fatale soirée.

Le jour venait de finir, le ciel était sombre et couvert. Plongé et comme enseveli dans ce marais, au milieu d'une forêt de roseaux, et environné de profondes ténèbres, je n'avais plus besoin que d'un courage passif peu connu des guerriers. Il fallait me résigner à mourir sans éclat, dans une accablante immobilité. Durant cette horrible agonie, quels souvenirs déchirans s'offrirent en foule à mon imagination ! Avec quel sentiment amer je me rappelais les exploits du grand Frédéric, la gloire des armées prussiennes et les brillantes espérances des premiers jours de ma jeunesse !.... Je sentais à la fois le poids affreux de tous les malheurs qui succédaient à tant de gloire, les désastres de ma famille, de mon pays et la mort si récente de mon frère. Je n'étais plus à la tête d'une armée florissante où j'avais cru voir l'ombre révérée du grand Frédéric nous traçant le chemin de la victoire, je ne pouvais plus m'élancer dans cette noble route. L'inexorable destin et le bras inflexible de l'adversité me retenaient enchaîné dans un abîme prêt à devenir mon tombeau. Le fantôme éblouissant de la gloire avait disparu, et séparé des miens, seul avec mes douleurs et mes souvenirs, dans la nuit profonde où j'étais plongé, je n'entrevoyais plus que le spectacle sanglant de mon malheureux frère. A minuit, des officiers et des soldats français me retirèrent de ce marais. Je n'hésitai point à me nommer, et ils me conduisirent sur-le-champ dans la tente de Napoléon, qui se trouvait très-près de ce lieu. Mes habits étaient couverts de sang et d'une vase humide et verdâtre. Mon aspect parut étonner Napoléon. On lui conta en peu de mots comment j'avais été fait prisonnier. Pendant ce récit, il avait les yeux attachés sur moi, et de mon côté je le regardais fixement. Quand le récit fut terminé, il me dit :

— « Votre frère s'est fait tuer comme un » fou...

— » Comme un héros, interrompis-je, et » j'envie son sort.

—» Vous avez tort, reprit-il, vous serez bien traité et prisonnier sur votre parole. » A ces mots je m'inclinai et je le quittai.

» On me conduisit à Metz, et au bout d'un mois, j'obtins la permission de me rendre à Soissons. Dans ces deux villes, je n'eus qu'à me louer de l'urbanité française; mais j'y fus sensible sans en profiter. Je me refusai aux visites et aux fêtes. Dans de tels malheurs, la dignité qui interdit la plainte et les murmures, prescrit en même temps le sérieux et la solitude. Mon unique plaisir fut la lecture, et je n'eus de liaison particulière qu'avec un homme appelé Dorsan. C'était un émigré ruiné nouvellement rentré. Il avait du mérite, de l'instruction; il s'était fait libraire, et, content du produit de ce commerce, il vivait en vrai philosophe, passant presque toute la journée dans son magasin, au milieu de ses livres qui formaient sa seule société. Comme il mit beaucoup de zèle à me procurer tous ceux que je désirais, et que souvent même il dirigea mon choix à cet égard, je le pris en amitié et j'acceptai la proposition qu'il me fit de me guider dans mes courses, et de me faire connaître tout ce qu'il y avait d'intéressant à voir aux environs de la ville. Au jour fixé pour notre promenade, que nous devions faire à pied, il se rendit chez moi à sept heures du matin. Nous sortîmes de la ville, et, arrivés dans la campagne, la conversation s'engagea d'une manière qui m'intéressa. Il y avait, dans toute la personne de Dorsan, quelque chose de calme et de sévère qui me plaisait. Nous parlâmes de ma situation.

» Convenez, dis-je, qu'il est étrange que, né si près du trône et sur les bords de la Sprée, je sois confiné dans une petite ville de France.

— » Sans doute, répondit Dorsan, au fond de la Sibérie ou de la Crimée, et même dans l'Amérique et aux Indes, des Français jetés là par l'orage universel, font une semblable réflexion...... Cette assimilation de destinées vulgaires à la mienne me choqua. On n'aime pas à voir simplifier les événemens dont on est la victime. Dans les grands revers, on peut bien dédaigner la pitié, mais il semble alors que l'étonnement soit dû et qu'il soit un hommage.

—» Dans tous les temps, repris-je, la fortune des simples particuliers est exposée à de continuelles révolutions. Il n'en est pas ainsi des princes. L'élévation de leur rang, l'importance politique de leur existence en assurent communément la solidité, et vous avouerez du moins que ma captivité offre à la petite ville de Soissons un spectacle qu'on n'a jamais vu dans son enceinte.

» A ces mots, Dorsan sourit et ne répliqua rien. Je changeai d'entretien. En rentrant dans la ville il me fit passer dans une rue qui m'était inconnue. Là, s'arrêtant vis-à-vis d'un bâtiment gothique qui avait jadis été une abbaye célèbre, il me proposa d'y entrer, j'y consentis. Une espèce de portier nous conduisit dans plusieurs pièces, et lorsque nous fûmes dans une immense salle soutenue par des piliers de pierre, Dorsan fit un signe à notre guide et il nous laissa. J'examinai cette salle et je demandai à quel usage elle avait pu servir autrefois. C'était, me répondit Dorsan, la salle des gardes du malheureux roi de France Louis-le-Débonnaire *.

— » Comment!...

— » Monseigneur n'ignore pas que cet infortuné monarque fut la victime de l'espèce d'ingratitude la plus odieuse et la plus atroce, et que ses cruels enfans le privèrent du trône et de la liberté.

— » Eh bien ?...

— » Eh bien, monseigneur, c'est ici qu'il fut mis en prison. C'est ici qu'une garde royale ins-

---

* Historique.

tituée pour défendre sa personne sacrée, devenue complice du plus horrible attentat, ne remplissait plus que le criminel et vil emploi de geôlier.

— » Je conviens maintenant, repris-je, que Soissons a vu dans ses murs des infortunes beaucoup plus illustres et plus funestes que les miennes.

» Cette scène fit une profonde impression sur mon esprit, et, durant mon séjour à Soissons, toutes les fois qu'au fond de l'ame j'étais prêt de murmurer contre le sort, j'allais rêver et méditer dans la salle des gardes de Louis-le-Débonnaire.

» Vous savez le reste, poursuivit Frédéric. J'ai désiré faire le voyage d'Italie, qui n'aura jamais pour moi l'intérêt de celui de Suisse, et les brillans souvenirs que tout retrace à Rome ne peuvent valoir ceux qu'on emporte de Coppet. »

Le prince cessa de parler. Chacun lui exprima combien on avait trouvé son récit intéressant, et surtout le détail de tout ce qu'il avait éprouvé dans la nuit fatale qui suivit la bataille d'Eylau. La seule Athénaïs gardait le silence, mais son cœur avait parlé, Frédéric l'avait entendue ; il avait vu ses yeux se remplir de larmes en l'écoutant, et maintenant il jouissait d'un silence qui semblait lui dire qu'on ne voulait ni s'exprimer comme les autres ni trahir le secret de ses sentimens. Afin de prolonger une soirée délicieuse, le prince questionna à son tour madame de Staël. Il lui désigna les particularités qu'il désirait surtout savoir, et madame de Staël prenant la parole : « Je ne raconterai, dit-elle, que la seule conversation que j'aie eue avec Napoléon et qui a décidé ma disgrâce. Je voyais plusieurs personnes qui ne l'aimaient pas ; la société que je rassemblais lui était fort suspecte. Nous ne formions pas de complots, mais nous disions de temps en temps, contre son gouvernement et sa puissance, des mots piquans qui circulaient dans le monde, et qu'on ne manquait pas de lui rapporter. Les gens d'esprit, qui ont de la réputation dans ce genre, sont rarement prudens. Il y a un tel attrait dans cette espèce de succès, qui est de tous les momens et de tous les âges, que l'on n'a que trop souvent sacrifié sa fortune et sa tranquillité au plaisir d'être cité. J'appris que Napoléon était fort irrité contre moi; on parlait d'exil, de persécution : je me décidai enfin à lui demander une audience, il me l'accorda. Je ne lui avais jamais parlé, et jusqu'à ce moment je n'avais fait que l'entrevoir. Ce ne fut pas sans émotion que je me trouvai tête-à-tête avec cet homme dont la superbe volonté avait changé la face de l'Europe et bouleversé ou refait tant de destinées. L'illusion des grands succès donne toujours quelque chose d'imposant à celui qui a la double force de relever un trône abattu et de s'en emparer. Napoléon a une étrange manière de recevoir les femmes, dans les audiences particulières. Il ne leur propose point de s'asseoir; il leur parle, tout le temps de la visite, en marchant avec elles dans son cabinet. En jetant les yeux sur lui, je fus frappée de la beauté de ses traits. Il y a quelque chose de grec et d'héroïque dans sa tête, et je ne sais quoi d'impérieux et de farouche dans sa physionomie. Son regard est vif et pénétrant, ses dents sont belles, et son sourire, quand il est bienveillant, est, dit-on, plein d'expression et de finesse. Je ne l'ai vu qu'amer et forcé, et, dans ce cas, il est insultant et féroce. Ce visage est placé sur une taille au-dessous de la moyenne, et dont les formes vulgaires ne conviennent ni à un héros ni à un guerrier. On pourrait comparer sa figure à une statue de Nabuchodonosor, dont la tête était d'or et la partie inférieure d'argyle. Je commençai par le remercier d'avoir bien voulu m'entendre.... Il m'interrompit brusquement en me demandant du ton le plus sec et le plus hautain ce que j'avais à lui dire.

— » D'abord, sire, répondis-je, de m'écouter avec calme et bonté.

— » Du calme et de la bonté! reprit-il aigrement, je sais que vous vous en dispensez tous les jours en parlant de moi.

— » Bon Dieu! sire, répondis-je, que vous me rendez vaine!

— » Comment!

— » Se peut-il qu'au milieu des soins qu'exige la conquête de l'Europe et l'embarras de la régir, Votre Majesté puisse trouver le temps de s'informer ainsi des entretiens familiers d'une femme!

— » Je ne m'en informe point; on m'en rend compte. Voulant tout savoir, je dois tout écouter.

— » Oui, sire, à l'exception des délateurs. »

Ici Napoléon me lança un regard terrible, mais qui, loin de me foudroyer, m'enhardit. J'avais été sinon intimidée, du moins éblouie un moment par un prestige de grandeur, car je ne connais d'émotions que celles qui naissent de l'admiration et de la sensibilité. Mais ce peu de convenances avec une femme, ce ton anti-chevaleresque me rendirent à moi-même. Le sentiment de ma supériorité sur lui dans cette entrevue ne laissa plus dans mon âme que le désir de conserver cet important avantage par un sang-froid inaltérable.

Après un moment de silence : « Oserai-je, repris-je, demander à Votre Majesté quels sont les torts qu'on m'impute ?

— » On vous accuse de décrier, autant qu'il est en vous, le gouvernement sous lequel cependant vous vivez par choix... Vous n'êtes point Française : si tout vous déplaît ici, rien ne vous empêche de retourner en Suisse et de vous y fixer.

— » De tout temps, la France, par ses agrémens et son urbanité, fut la véritable patrie des talens ; c'est dans son sein qu'on vient les perfectionner et chercher la célébrité qui en est le prix. Je ne croirais point qu'elle puisse perdre sous votre règne, sire, de si glorieux priviléges. »

Cette réponse ne lui déplut point; son regard s'adoucit.

« Non, madame, dit-il, non, je ne suis ni un tyran ni un barbare, et je l'ai prouvé par la manière dont j'encourage les arts, les sciences et les lettres; mais je ne puis souffrir ce que tout souverain doit réprimer. Pourquoi vous déchaînez-vous contre mon gouvernement? de quoi vous plaignez-vous?

— »Sire, on vous a fait des rapports infidèles; on a pris mes vœux pour des plaintes. Il est vrai, j'ai dit qu'après tant de succès éclatans, vous aviez, sire, épuisé le merveilleux des armes et des fables antiques, et qu'il était temps de rentrer dans la simplicité de l'histoire; que le repos est pour vous un devoir, puisqu'il serait pour le monde entier le plus grand des bienfaits, et qu'enfin la force qui a tout conquis ne peut se justifier que par la modération et la générosité.

— » Je n'ai rien à justifier, répondit-il en élevant la voix, et c'est de votre propre justification que vous devez vous occuper.

— » Vous venez de l'entendre.

— » Ainsi, vous n'avez voulu me voir que pour me donner des conseils : c'est une étrange prétention dans une femme.

— » Je n'ai eu que la prétention de dire la vérité : que pourriez-vous, sire, préférer à un tel hommage?

— » La soumission et le silence.

— » Je ne sais me soumettre qu'aux lois et à la raison.

— » Vous comptez pour rien la puissance?

— » Elle est divine quand elle est bienfaisante.

— Oui, quand on a la faiblesse de permettre tout. La crainte et la pusillanimité se déguisent souvent sous le nom de la bonté, et tous les factieux appellent despotisme l'utile surveillance et la fermeté..... Allez, madame, et disposez-vous à quitter promptement la France.

— » Je m'éloignerai avec regret de mes amis; mais j'ai toujours aimé la gloire, et je me consolerai en pensant à l'importance politique que Votre Majesté daigne me donner. Sire, j'aurai une ligne dans votre histoire. »

A ces mots, je fis une profonde révérence et je me retirai.

Telle fut notre conversation. Vous en savez les suites; et ce n'est pas en ce moment qu'elles me paraissent affligeantes.

Quand madame de Staël eut cessé de parler, on fit beaucoup de réflexions politiques sur cette narration, et l'on ne se sépara qu'à deux heures après minuit.

Frédéric retrouva dans sa chambre son aide-de-camp qu'il avait laissé dans le salon. William lui dit qu'il ne s'était pas ennuyé durant son absence, parce qu'il s'était entretenu avec

Verner et Schlegel, qui lui avaient raconté l'histoire d'Athénaïs.

« Ainsi, dit Frédéric, mariée à treize ans, le divorce, autorisé d'ailleurs par les lois actuelles de son pays, serait plus simple pour elle que pour toute autre Française.... Mais, poursuit-il, que m'importe? L'odieuse inégalité que le sort a mise entre nous ne me permettrait pas de l'épouser, et je ne pourrais lui déclarer mes sentimens sans l'offenser. Ainsi donc, il faut partir.

— » C'est dommage; moi, je me plais beaucoup ici, ce château est amusant.

— » Ah! William, qu'elle est charmante!

— » Qui, monseigneur? Athénaïs?.... Oui, tout le monde vante la perfection de son caractère, la grâce de son esprit, et elle est si jolie!...

— » Quel regard que le sien! quelle expression de douceur, de finesse et de sensibilité! On a voulu savoir de quelle manière j'ai été fait prisonnier. Durant le récit de mes souffrances dans la nuit qui suivit la bataille d'Eylau, Athénaïs m'écoutait si attentivement et avec tant d'émotion qu'elle ne s'apercevait pas qu'elle pleurait; ses larmes coulaient doucement sur ses joues. Qu'elle était belle!... Oh! comment pourrai-je m'arracher du séjour qu'elle habite! »

C'est ainsi que ce jeune prince, violemment combattu par la raison et par l'amour, tombait dans des incertitudes d'autant plus pénibles qu'elles n'étaient point dans son caractère naturellement ferme et décidé.

Les trois jours suivans n'amenèrent aucun événement remarquable. Frédéric et Athénaïs ne se parlaient pas et s'entendaient parfaitement. Le premier, éperdument amoureux, loin de songer à son départ, venait d'annoncer à William qu'ils ne partiraient que dans quinze jours; mais un soir, William annonça au prince qu'il avait quelque chose de très-extraordinaire à lui conter, et le prince le pressant de s'expliquer :

« Monseigneur, lui dit-il, je vois votre passion pour Athénaïs s'accroître tous les jours, et je crois avoir découvert de quoi vous en guérir.

— » Comment !

— » Selon toutes les apparences, elle a un ancien sentiment pour un autre.

— » Et quel est cet autre ?

— » Seymour.

— » Cet Anglais ?

— » Justement.

— » Cela est impossible ; il en est passionnément amoureux, mais elle ne fait nulle attention à lui.

— » Oui, dans le salon ; mais dans les jardins, sur la terrasse, dans les promenades, sur le bord du lac....

» — Sur le bord du lac !.... A quelle heure donc ?

— »A la pointe du jour.

— »Quel conte!.... D'ailleurs, cet Anglais n'est venu ici que quelques jours avant moi ; elle ne l'avait vu pour la première fois qu'à Lausanne; elle l'avait à peine remarqué : ainsi donc elle n'avait pas pour lui un ancien sentiment.

— »Voilà le mystère ; mais il est vraisemblable qu'ils se sont vus à Paris, que l'Anglais y a fait un assez long séjour, et qu'il n'est venu en Suisse que pour elle.

— »Et madame de Staël ne saurait rien de tout cela?

— »Pas un mot.

— »Ah ça, William, qui vous a fait tous ces contes-là, qui véritablement sont absurdes?... Votre zèle pour moi vous égare d'une étrange manière, s'il vous persuade que je croirai légèrement des calomnies sur une personne que j'estime et que j'admire autant que je l'aime.

—»Je me flatte que Votre Altesse ne croit pas

qu'un intérêt quel qu'il soit puisse me faire accueillir et répéter des calomnies.

— » Vous les débitez de bonne foi, mais je soutiens que ce sont des calomnies.

— » A la bonne heure, monseigneur, je saurai me taire désormais ; malgré les apparences les plus extraordinaires, les plus fortes, je garderai le silence. Votre Altesse veut s'abuser, je ne serai pas complice de son erreur, mais je n'essaierai plus de l'éclairer ; elle ne veut pas entendre la vérité ; tout est dit.

— » Non, Athénaïs est incapable d'une si profonde dissimulation. Non, cette femme si naïve, si ingénue, ne connaîtra jamais l'art de feindre ; ses yeux où se peint son âme tout entière, n'ont jamais exprimé que de l'indifférence pour cet Anglais, et plus d'une fois, en sa présence même, ses regards se sont attachés sur moi avec une douceur si enivrante !... Athénaïs serait artificieuse et fausse !..... Cette idée serait atroce, si elle n'était pas aussi extravagante.... »

À ces mots, Frédéric fit quelques tours dans la chambre avec une extrême agitation. William était piqué. Au lieu de lui répondre, il s'approcha de la pendule.

« Oh! bon Dieu, s'écria-t-il, comme il est tard! Deux heures moins dix minutes!... Quels sont les ordres de Votre Altesse? »

Le prince s'arrêta. « Je parie, dit-il, que c'est Schlegel qui vous a fait toutes ces histoires.... répondez donc!

— » Tout ce que je puis dire, c'est que Schlegel peut bien, comme tout autre, voir mal et se tromper, mais qu'il est parfaitement honnête et incapable de faire un mensonge.

— » Ce n'est pas son éloge que je vous demande.

— » Eh bien, oui, monseigneur, c'est lui et Verner; et, en outre, j'ai entendu moi-même des paroles non équivoques.

— » Ah! William, vous me tuez!... »

En disant ces paroles, le prince éperdu tomba

dans un fauteuil en se cachant le visage avec ses mains. A cette vue, William oubliant tout-à-fait son dépit, ne songea plus qu'à la douleur du prince....

— « Laissez-moi, lui dit Frédéric. N'est-ce pas vous qui m'assuriez dans cette même chambre, il y a peu de jours, qu'elle n'avait pour cet Anglais qu'une profonde indifférence?

— » Je le croyais alors, et tout le monde avait la même opinion, mais aujourd'hui, quand je pense le contraire, je dois vous en avertir.

— » Mais sur quelles preuves?

— » M'ordonnez-vous, monseigneur, de vous faire ce récit?

— » Je l'exige.

— » Le voici :

« Pendant que votre Altesse était ce soir chez madame de Staël, comme la nuit était calme et le chaud excessif, M. Schlègel me proposa d'aller faire un tour sur la terrasse; et là, il me dit qu'il avait découvert une étrange intrigue dans le château ; et enfin il m'apprit qu'à son grand étonnement, il était assuré, depuis deux jours, que Seymour et Athénaïs s'aimaient et étaient d'intelligence ; et il m'a conté le détail suivant : Avant-hier au soir, comme Athénaïs traversait la galerie pour aller se coucher, Seymour la suivait et lui dit : « A demain matin, à six heures? » Athénaïs s'arrêta et répondit : « Oui, ah! que tout cela me trouble! — Et moi donc, répondit Seymour. Vous êtes adorable, ajouta-t-il.... » Ainsi finit le dialogue dont Schlegel, assis contre une des portes de la galerie donnant sur la terrasse, ne perdit pas un mot. Le lendemain matin, qui était hier, la curiosité réveille Schlegel avec le jour. Il se leva, il épia Athénaïs qu'il vit en effet sortir avant six heures, seule avec une femme de chambre. Un instant après Seymour sortit aussi pour l'aller rejoindre.

« Cela est incroyable, dit le prince.... Néanmoins, poursuivit-il, je ne vois dans tout ceci que le témoignage de Schlegel, et j'avoue qu'il ne me suffit pas.

— » Un moment, monseigneur, répliqua William, je n'ai pas tout dit... J'ai eu l'air aussi de douter que Schlegel eût bien compris, et lorsque nous vous avons entendu sortir de chez madame de Staël, Schlegel m'a entraîné sur la terrasse, espérant que nous pourrions encore entendre quelques mots d'Athénaïs. En effet, elle a passé avec Seymour, qui lui a dit : « A » six heures, lundi, n'est-ce pas? Il faudra être » matinal. — En doutez-vous? a répondu Athé- » naïs, et croyez-vous que je puisse dormir » une minute durant la nuit qui précédera » cette matinée? » Elle marchait en disant ces paroles; ensuite je n'ai plus rien entendu.

— » Grand Dieu! dit Frédéric; mais êtes-vous bien sûr que ce soit elle qui ait prononcé ces paroles?

— » Peut-on méconnaître le son de sa voix?

D'ailleurs la galerie était éclairée, et je la voyais parfaitement.

— » Seymour l'attendait donc là ?

— » Assurément. Tous les soirs ; il sort du salon pour aller se mettre en embuscade pendant une heure dans cette galerie où elle doit passer.

— » Voilà donc pourquoi elle s'est opposée si fortement au désir que j'avais de la suivre jusqu'au bas de l'escalier ; voilà pourquoi elle m'a même demandé avec instance de passer de l'autre côté du château, et de prendre le petit escalier pour me rendre dans mon appartement. J'attribuais cet excès de précautions à une extrême modestie, et j'obéissais en l'admirant...., et c'était pour se trouver au rendez-vous qu'elle avait donné à un autre !... Quelle duplicité, quelle perfidie dans cette conduite ! Et à l'insu de madame de Staël !.... Quelle profonde dissimulation ! et qu'il faut qu'elle ait de passion pour cet Anglais !... Que les femmes sont fausses et artificieuses, et qu'elles sont incompréhensibles!.... Je les méprise toutes.... Elle montre de grands sentimens de piété : il faut donc croire qu'elle n'est encore qu'une hypocrite!... Et je l'admirais avec enthousiasme ! Ce sentiment m'était si cher qu'il me consolait de tous les tourmens d'une passion sans espoir... Cet attachement si pur que j'avais pour elle n'est plus qu'une erreur insensée, qu'une illusion ridicule !... Je suis forcé de la mépriser ! Ah ! c'est tomber du ciel dans un abîme !... Et c'est lundi, c'est-à-dire après-demain ?

— » Oui, monseigneur, lundi, à six heures du matin.

— » Et où se rendront-ils ?

— » Voilà ce que j'ignore ; mais, par le chemin que je leur ai vu prendre, je suppose que c'est dans une petite maison isolée sur le bord du lac, à un petit quart de lieue d'ici, et que nous avons plusieurs fois remarquée dans nos promenades.

— » Quelle incroyable histoire !... Vous pensez donc qu'ils se verront là?... Que de précautions, que de mystères! et pour cet Anglais!... Qu'a-t-il donc de si séduisant?

— » Il est jeune, il est beau ; ils s'aiment depuis long-temps, soyez-en sûr.

— » Oui, le mépris me guérira; car enfin elle a eu de la coquetterie avec moi. Il est impossible qu'elle n'ait pas remarqué le sentiment qu'elle m'inspire. Pourquoi ne pas m'ôter toute espérance? Pourquoi me montrer tant d'intérêt?

— » Vous parliez sans cesse de prompt départ.

— » Elle n'y croyait pas. Ne voyait-elle pas que je le retardais toujours! Ah! qu'elle est perfide!..... Lundi!......c'est après-demain.... Ah Dieu!..... Je partirai demain!.... Mais non; je veux voir jusqu'au bout ce tissu d'intrigues et de faussetés.

—» Je crois en effet, Monseigneur, qu'il serait plus sage de partir.

—» Non, cela est curieux, je resterai. D'ailleurs, j'ai dit à madame de Staël que je ne partirais que dans dix jours. Ne craignez rien, William, je ne ferai point de scène. Croyez que j'ai trop de fierté pour montrer seulement du dépit. »

William ne parut pas compter sur cette promesse et il avait raison.

Le lendemain, quand Frédéric revit Athénaïs, il ne put s'empêcher de tressaillir. Au lieu de s'avancer vers elle comme de coutume, il resta à sa place et il évita de la regarder. Verner et Schlegel s'approchèrent de lui pour lui parler; il ne leur répondit pas et s'éloigna d'eux. Athénaïs fut frappée de son air froid et sévère..... A dîner, tout le monde reprenant sa place ordinaire, elle se trouva à côté de lui. Alors, pour entrer en conversation, elle lui parla des rochers de Meillerie, parce qu'on devait aller coucher le lendemain à Lausanne, afin d'aller voir de-là sur le lac ces rochers si fameux dans le roman de *la Nouvelle Héloïse*.

« Je serai charmé, dit le prince, de faire une promenade qui est agréable à madame de Staël ; mais d'ailleurs, les rochers de Meillerie ne sont pour moi que des pierres, je ne suis nullement romantique. »

Ce discours, le ton d'aigreur dont il fut prononcé surprirent étrangement Athénaïs.

— « Monseigneur, reprit-elle froidement, il n'est pas nécessaire d'être romantique pour admirer les beautés de la nature et une vue pittoresque.

—» Non, non, repartit Frédéric, il faut au moins pouvoir se livrer aux illusions de l'amour, et moi je les méprise. »

A ces mots, il se retourna du côté de madame de Staël pour prendre part à la conversation générale, mais ce fut avec une sécheresse qu'on ne lui avait jamais vue, et il s'attacha surtout à contredire Seymour, Verner et de Schlegel. Athénaïs vit, à n'en pas douter, qu'il avait le projet formel d'être désobligeant pour elle, et qu'enfin il était jaloux de Seymour. Elle connut alors qu'elle avait pour ce jeune prince un sentiment beaucoup plus vif qu'elle ne l'avait cru. Elle fut tentée d'avoir une explication avec lui, afin de lui ôter une jalousie mal fondée. Mais en y réfléchissant, elle sentit tout le danger d'un tel entretien.

— « Non, non, se dit-elle, je ne veux ni ne dois répondre à des sentimens que je n'ai que trop pénétrés. Laissons le dépit les éteindre. Qu'il parte mécontent mais moins malheureux. L'absence effacera bientôt cette impression passagère, et alors, séparée de lui sans retour, je pourrai me justifier sans danger ni pour lui ni pour moi. Madame de Staël entretiendra un commerce de lettres avec lui, je la chargerai de l'explication que je me refuse aujourd'hui, et sans ouvrir le fond de mon cœur, je lui ferai du moins connaître que ce cœur n'a jamais été touché par un autre. »

Fidèle à cette résolution, Athénaïs garda le silence avec le prince, et toute la journée, elle évita de se placer auprès de lui ou de Seymour. Du reste, elle s'efforça de vaincre sa tristesse, et elle montra une sérénité qu'elle était loin d'éprouver. Cette conduite acheva d'aigrir et de désespérer Frédéric qui eut beaucoup de peine à cacher les mouvemens violens dont il était agité.

Le soir, après souper, Athénaïs, sous prétexte d'avoir des lettres à écrire, ne suivit point madame de Staël dans sa chambre. Le prince désespéré fut au moment d'éclater; il lui fallut un empire prodigieux sur lui-même pour se contenir. Il se plaignit d'un grand mal de tête et se retira avant minuit. Lorsqu'il se retrouva seul avec son ami, il se livra à des transports de colère qui effrayèrent William. Cependant il parut se calmer, et en déclarant qu'il était décidé à suivre de loin Athénaïs le lendemain matin, il donna sa parole de se conduire sagement et de ne faire aucune espèce d'éclat. Il ne se coucha point, et aux premiers rayons du jour, il alla avec William se mettre à une fenêtre dont il baissa les jalousies et de laquelle il ne pouvait manquer de voir Athénaïs lorsqu'elle sortirait du château.

A six heures précises, il la vit en effet sortir. Elle était vêtue de blanc et voilée, et elle n'avait avec elle que sa femme de chambre. Le prince et William descendirent, et voulant laisser prendre à Athénaïs un peu d'avance, ils ne sortirent qu'au bout d'un demi-quart-d'heure. Alors ils l'aperçurent de loin et s'arrêtèrent. Athénaïs cotoyant le lac, entra dans une allée de saules, et ils la perdirent de vue. Ils marchèrent encore pendant quelques minutes, sachant qu'Athénaïs ne pouvait sortir de cette allée sans rentrer dans le chemin où ils étaient. Tout à coup, ils distinguèrent dans l'éloignement la petite maison du lac adossée de l'autre côté contre un bois, et ils en virent sortir un homme qu'ils reconnurent à l'instant. C'était Seymour qui allait au-devant d'Athénaïs et qui, pour la rejoindre, entra précipitamment dans l'allée des saules et disparut à leurs yeux, mais sans avoir reconnu ni même remarqué le prince et William enveloppés dans de longs manteaux. A cette vue, William entraîna sur-le-champ Frédéric hors du chemin en le conjurant d'aller dans le bois..... Frédéric pâle et glacé se laissa conduire... Là, Frédéric s'assit sur un tronc d'arbre et il garda un morne silence. William lui parlait en vain, il ne l'écoutait pas. Enfin, reprenant la parole : « Il est vrai, dit-il, elle ne m'a rien promis, je ne lui ai pas même déclaré formellement mes sentimens, mais elle ne m'a que trop entendu. Combien de fois ses yeux me l'ont dit! Elle s'est fait un jeu barbare d'exalter une passion qu'elle ne pouvait partager... Dans ce moment elle est avec Seymour... et à l'insu de madame de Staël...

de cette amie qui croit posséder toute sa confiance!... Quelle trahison!... Soyez tranquille, William, je suis guéri, parfaitement guéri. Il faudrait n'avoir ni fierté, ni élévation d'ame pour conserver de la passion pour une personne d'un tel caractère... Voilà les Françaises et leur détestable coquetterie!.... Je n'ai plus qu'un désir, c'est de lui montrer le plus froid mépris. Je veux qu'elle sache que je pars calme et désabusé. William, retournez au château.

— » Quoi, monseigneur, sans vous!

— » Encore une fois ne craignez rien; je suis indigné, mais sans colère. Je vais me promener sur la lisière du bois, je la verrai sortir de la maison, je la saluerai avec une parfaite tranquillité, je me promènerai encore une demi-heure; ensuite je retournerai au château, et vous serez content de moi toute cette journée; soyez certain que je ne laisserai voir ni dépit ni tristesse.

— » Au nom du ciel, monseigneur, permettez-moi de rester avec vous !

— » Non, allez, croyez que je ne ferai rien d'indigne de moi ; allez, je l'exige. » Il fallut obéir. William, plein d'inquiétude, s'éloigna en soupirant.

Frédéric quitta le bois et s'approcha de la maison. Il vit une vieille femme qui passait devant une fenêtre basse et ouverte, il l'appela. Ensuite il alla à la porte, la vieille femme vint ouvrir. Frédéric, poussé par un mouvement irrésistible, entre brusquement ; la femme, effrayée de son maintien et de son regard, s'éloigna. Frédéric s'élance vers une porte, le son de voix d'Athénaïs le guidait, ou pour mieux dire l'entraînait ; il s'arrête en frémissant, et il entend distinctement Athénaïs prononcer ces paroles : «*Oui, je vous le promets*..... Perfide ! s'écria-t-il.... » Aussitôt il ouvre la porte, il entre dans cette chambre mystérieuse, il reste pétrifié à l'aspect du tableau inattendu qui s'offre à ses regards..... Seymour n'était pas dans la chambre, il voit un vieillard mourant, étendu dans son lit, serrant contre sa poitrine un crucifix que lui présentait un vénérable prêtre debout au chevet de son lit; enfin, il voit Athénaïs à genoux à côté d'une jeune fille en pleurs et prosternée, et dont Athénaïs tenait les deux mains dans les siennes. Tout est éclairci... Frédéric devine tout ce qui n'est pas expliqué. Au ressentiment le plus amer et le plus violent, succède en un instant dans son ame tout ce que la satisfaction la plus pure et l'admiration peuvent faire éprouver de plus enivrant. Cette sensation fut si délicieuse que nul remords de son injustice n'en corrompit la douceur. Il était trop heureux de la justification et du triomphe d'Athénaïs pour être susceptible de repentir en ce moment. Il était impossible qu'un sentiment pénible pût trouver place dans son cœur.... Il s'avança doucement vers Athénaïs, qui ne fit en le voyant qu'un léger mouvement de surprise, car cette scène religieuse et lugubre absorbait toutes ses facultés. Frédéric, plein d'attendrissement, se mit en silence à genoux à côté d'elle. Il trouvait un charme inexprimable à prier avec Athénaïs. Toutes *les* idées de bonté, de pureté, se présentaient naturellement à son imagination et pénétraient son ame. Il lui semblait qu'en partageant ainsi l'émotion céleste et tous les sentimens d'Athénaïs, il se liait à elle par l'union la plus intime.

Le vieillard mourant se tourna vers Athénaïs: « Ange descendu des cieux, lui dit-il, vous qui m'avez procuré toutes les consolations de la religion, et qui m'avez ôté les inquiétudes déchirantes que, sans vous, j'eusse emportées dans la tombe; si votre cœur sensible éprouve quelque peine, vous prierez avec confiance le Dieu de miséricorde et de bonté. Pensez alors à tout ce que vous avez fait pour moi, et vous invoquerez l'Éternel avec espérance. Adieu. Recevez à la fois les bénédictions du ciel et celles d'un vieillard reconnaissant. » A ces mots il laisse retomber sur son oreiller sa tête défaillante..... ses yeux se ferment pour jamais.... Athénaïs se penche vers la jeune personne, petite-fille du vieillard; elle la presse, en pleurant, contre son sein. Frédéric sentit qu'il était impossible d'obtenir un entretien dans ce moment; il en sollicita un avec instance, et Athénaïs lui donna rendez-vous dans le parc de Coppet, en promettant de s'y trouver à trois heures après midi. Frédéric se hâta de retourner au château : il était impatient de retrouver William et de justifier Athénaïs en lui contant tout ce qu'il avait vu. Mais William, après avoir obéi aux ordres du prince, n'avait pu résister à son inquiétude, et il venait de sortir du château au moment où le prince rentrait dans son appartement.

Il était à peine neuf heures; Frédéric vit rentrer Athénaïs à dix heures, mais William n'arriva qu'à midi. Il prévint l'explication qu'allait lui donner Frédéric en disant : « Je sais tout et même avec beaucoup plus de détails que n'en peut savoir Votre Altesse. » A ces paroles, Frédéric lui fit mille questions à la fois, et William qui aimait à s'engager dans de longues narrations, lui demanda la permission de mettre un peu d'ordre dans celle-ci. « Pour obéir à Votre Altesse, dit-il, je suis revenu dans ce château, mais avec une tristesse invincible. Je frémissais en songeant à la violence de vos premiers mouvemens, je redoutais surtout l'impression terrible que produirait sur vous la rencontre d'Athénaïs, sortant de la maison du lac avec Seymour. Après avoir promené mes tristes pensées dans le jardin pendant plus de deux heures, je suis sorti quand Votre Altesse rentrait; je l'ignorais. Je retournai vers la maison du lac, et, en approchant de cette petite habitation, j'ai rencontré Athénaïs accompagnée de Seymour et de sa femme de chambre. Athénaïs avait l'air triste ; elle s'est arrêtée pour me parler. « N'ê-

» tes-vous pas surpris, m'a-t-elle dit, de me
» voir sortie du château de si bonne heure? »
Et, comme en effet je paraissais un peu surpris,
Seymour me dit : « Nous sommes allés, Athénaïs et moi, visiter un vieillard mourant qui
habite cette petite maison du bord du lac ; c'est
un pauvre Irlandais retenu comme moi sur le
continent. Se sentant très-malade, et craignant
de ne pouvoir en revenir, il a désiré avoir les
secours de sa religion, car il est catholique. Hélas! il avait bien raison de croire sa fin prochaine, puisqu'en effet il vient de mourir. Pour
accomplir les désirs de ce digne vieillard ex-
patrié, j'en ai parlé à Athénaïs. Elle s'est empressée de chercher un prêtre ; mais elle n'a pas
voulu s'en tenir là : elle a voulu voir elle-même
le digne vieillard, et verser sur lui les trésors de
son ame compatissante. Ainsi tout ce que la
plus touchante sympathie, tout ce que la religion renferme de sentimens généreux et de
consolations, tout ce que les espérances im-

mortelles peuvent offrir de douceur sont venus calmer les souffrances de ce dernier combat de la vie et de la mort. »

» Comme Seymour finissait son récit, nous arrivâmes au château ; Athénaïs se retira dans son appartement et j'entrai au salon. Là, me trouvant seul avec Verner : «Eh bien, lui dis-je, cette aventure doit avancer auprès d'Athénaïs les affaires de Seymour; le voilà dans une grande intimité.

— » Bon ! s'écria-t-il, Seymour n'a plus d'espérance.

— » Comment ?...

— » Il a fait une déclaration passionnée, Athénaïs lui a répondu avec un calme désespérant; mais, touchée de la vérité de ses sentimens, elle lui offrit son amitié et lui demanda la sienne avec une douceur si enchanteresse que Seymour, pénétré jusqu'au fond de l'ame, la lui promit avec transports, et, sans éprouver ce dépit si naturel à un amant rejeté, il a renoncé sans retour à tout espoir, en conservant pour elle un sentiment plein d'exaltation et d'enthousiasme. L'amitié d'Athénaïs lui paraît une conquête, et cette idée le console du plus pénible sacrifice. »

Ce récit de William acheva de dissiper entièrement les inquiétudes du prince et lui fit désirer avec plus d'impatience encore, s'il était possible, l'heure du rendez-vous indiqué par Athénaïs. Il descendit dans les jardins. Pendant plus de deux heures, le temps lui parut immobile. Il attendait avec une ardente impatience et cependant sans ennui; peut-on éprouver cet affaissement de l'esprit en attendant ce qu'on aime? Le cœur et l'imagination sont tellement remplis, occupés.... Enfin, il aperçoit de loin Athénaïs; il tressaille et le transport de sa joie est mêlé d'une sorte d'étonnement, comme si cette vue si chère était pour lui inattendue.... Le véritable amour n'a pas de prévoyance, ses joies et ses peines surpassent toujours tout ce que l'attente a pu faire espérer ou craindre.

Frédéric s'élance vers Athénaïs qui s'avançait lentement. La douce timidité embellissait sa démarche craintive de tout le charme de la modestie, tandis que la vive rougeur de ses joues décelait le trouble de son cœur. Les mouvemens si purs de son ame semblent passer tout à coup dans celle de Frédéric. Aux transports véhémens qu'il vient d'éprouver, succède l'émotion de la plus touchante sensibilité. Il ralentit sa marche impétueuse, il sent que toute démonstration violente doit effrayer Athénaïs ou du moins lui déplaire, et lorsqu'il se trouve à ses côtés, il est si parfaitement en harmonie avec elle que tous les deux sont, dans cet instant, également interdits. Ils s'assirent l'un et l'autre sur un banc, et après un moment de silence, Frédéric lui demanda pardon de l'indiscrétion qui l'avait entraîné dans la maison du lac.

« J'aurais dû respecter cet asile sacré,

ajouta-t-il, vous en avez fait le sanctuaire de tout ce qu'il y a de plus saint et de plus touchant sur la terre, la religion, le malheur et la bienfaisance!...... Non, je ne puis me repentir d'un tort qui m'a fait reconnaître en vous, avec certitude, la perfection de la vertu et de la bonté!... » A ces mots, Frédéric s'arrêta. Il attendit une réponse, mais Athénaïs n'en fit pas; elle rougit encore et baissa les yeux.

— « Daignez, madame, reprit Frédéric, daignez me dire que vous me pardonnez. Que j'emporte du moins cette consolante idée.....

— » Quoi! monseigneur, interrompit vivement Athénaïs, vous partez ?

— » Ah! répondit Frédéric, je n'ai que trop différé... Dans ce dernier entretien je vais vous ouvrir mon ame tout entière. Je sais que les liens qui semblent vous engager pourraient facilement se rompre, et si j'avais un trône à vous offrir, je serais trop heureux que vous voulussiez l'accepter; mais je suis fugitif et prisonnier, mon pays est opprimé, tout l'éclat qui m'environnait a disparu ; je n'ai plus que mon courage, et je ne puis opposer aux outrages de la fortune qu'une indomptable fierté. Ainsi donc, il ne m'est permis de vous parler d'une passion invincible qu'en vous disant un éternel adieu. » Ce discours si touchant et si noble fit une telle impression sur l'ame élevée et sensible d'Athénaïs, qu'elle ne put retenir ses larmes. A cette vue, Frédéric hors de lui se jeta à ses pieds.

« Ah ! s'écria-t-il avec transport, je ne me plaindrai plus de la destinée. Athénaïs désormais en sera l'arbitre..... Disposez de moi.... Que dois-je faire ?.... Quel parti dois-je suivre ?.... Ordonnez.... ma volonté, mes opinions deviennent les vôtres.... parlez...

—» Cet abandon d'un cœur tel que le vôtre, répondit Athénaïs, ne peut être fondé que sur une profonde estime. J'ose dire que vous me rendez justice.... Je ne le déguiserai pas, vos sentimens m'attendrissent parce qu'ils sont dignes de vous. Partez, monseigneur, triomphez d'un attachement malheureux, mais conservez-moi votre amitié, je sens qu'elle est nécessaire à la consolation de ma vie.

— » Athénaïs, est-il vrai? renoncez-vous au bonheur?...

— » Nous ne nous verrons plus...

— » O paroles ravissantes qui retentiront à mon oreille jusqu'à mon dernier soupir!.... Je pardonne tout à la fortune..., que dis-je? je la bénis...., dût-elle ne jamais changer!.... Non, je ne partirai pas, non, je ne vous quitterai pas.

— » Il faut nous séparer..., votre gloire et la mienne exigent ce cruel sacrifice. L'enthousiasme de l'amour doit être, pour vous comme pour moi, celui de la vertu. Nous ne pouvons être l'un à l'autre, tout s'y oppose, et ce n'est qu'en vous disant adieu que je puis vous avouer mes sentimens. C'est à vous de justifier cet aveu, en renonçant à toute espérance et en vous éloignant... J'entends marcher; on vient... Relevez-vous....; cachons notre trouble et nos pleurs... » A ces mots, le prince se releva précipitamment en essuyant ses yeux baignés de larmes.

— « Du moins, dit-il d'une voix entrecoupée, accordez-moi quinze jours. » Athénaïs ne répondit que par un signe de tête ; elle apercevait madame de Staël et M. de Montmorency qui s'avançaient vers elle. Aussitôt elle se leva, et s'appuyant sur le bras tremblant que Frédéric lui présentait, elle alla avec lui au-devant de madame de Staël. Cette dernière la connaissait trop bien pour n'être pas frappée de son extrême émotion et de celle de Frédéric, mais afin de ne pas l'accroître, elle feignit de ne pas la remarquer. Elle ne parla que de choses indifférentes ; on se promena une heure, ensuite on rentra au château pour dîner. A table, la conversation tomba sur l'amour, ce qui arrivait souvent au château de Coppet. Madame de Staël soutint que les grandes passions naissaient toujours subitement et à la première vue. « La fable, ajouta-t-elle, fait naître Minerve toute formée et toute armée ; la sagesse a besoin de temps et d'expérience qui seuls peuvent lui donner toute sa perfection. J'ai toujours trouvé cette allégorie mauvaise. L'amour seul doit naître ainsi ; c'est lui qui naît tout armé et avec l'énergie qu'il doit avoir. » Frédéric applaudit vivement à cette remarque de madame de Staël qui ne s'en étonna pas, car elle avait compté, à cet égard, sur sa parfaite approbation. On devait monter en calèche, en sortant de table, pour aller coucher à Lausanne ; afin de se rendre, le lendemain matin, au rocher de Meillerie. Frédéric paraissait enchanté de cette partie, ce qui fit sourire Athénaïs.

— « Cependant, lui dit-elle tout bas, ces rochers ne sont que des pierres, et vous n'êtes nullement romantique.

— » Ah! reprit Frédéric, ne voyiez-vous pas que j'extravaguais, puisque je prétendais penser et sentir autrement que vous... » Comme il disait ces paroles, on se levait de table et l'on se hâta de partir.

Le lendemain, on s'embarqua de grand matin, mais le temps était orageux et sombre. Athénaïs se trouva placée, dans le bateau, entre madame de Staël et madame de Montaulieu. Frédéric s'assit vis-à-vis d'elle. Un bateau était rempli de musiciens, qui exécutaient sur des instrumens à vent, des airs répétés par les échos. L'onde agitée, le voile épais qui couvrait les cieux, le but de la promenade, et surtout les sentimens secrets d'Athénaïs et de Frédéric, tout concourait à redoubler le trouble de leurs cœurs et à exalter leur imagination. L'impression d'une profonde mélancolie répandue sur toute la personne d'Athénaïs, ajoutait le plus touchant intérêt au charme habituel de sa figure. Frédéric la contemplait en silence, il lisait jusqu'au fond de son ame en se rendant compte des mouvemens de la sienne.

Pendant cette navigation, l'entretien tomba naturellement sur le roman de *la Nouvelle Héloïse*. Frédéric et Athénaïs gardaient le silence : un roman plus pur les occupait.

Après avoir passé toute la journée à admirer les rochers de Meillerie, on s'embarqua, vers la fin du jour, pour retourner à Lausanne. Le temps devenait menaçant. Bientôt l'orage se déclara de la manière la plus effrayante. Le ciel se couvrit de nuages, un vent impétueux s'éleva, et le tonnerre fit entendre des coups redoublés et répétés par tous les échos des deux rives. Toutes les femmes exprimèrent leur effroi, à l'exception d'Athénaïs, qui gardait un profond silence. Cependant la tempête devint si terrible qu'on ne songea plus qu'à débarquer où l'on pourrait. Le temps était si obscur qu'on ne voyait plus les objets qu'à la lueur des éclairs; les mariniers eux-mêmes paraissaient épouvantés. Dans ce désordre universel, Frédéric n'était occupé que d'Athénaïs. « Le danger, lui dit-il, n'est pas dénué de charmes ; il unit intimement nos destinées, et songez que, dans le cours paisible de la vie, tout les sépare. — Ah ! reprit Athénaïs, qu'importe ma destinée ? mais la vôtre !... Hélas ! je n'ai point le courage de supporter ce double péril. » A peine avait-elle prononcé ces paroles que la foudre éclata avec un fracas épouvantable, et on la vit tomber dans les flots agités du lac, à peu de distance du bateau. Ce long sillon d'une lumière dévorante qui s'éteignit dans les eaux illumina tout le rivage, et, dans cet instant, Frédéric, les yeux fixés sur Athénaïs, voit tous ses traits se couvrir d'une pâleur mortelle, et presque aussitôt de profondes ténèbres la dérobent à ses regards..... Il l'appelle..... Athénaïs soupire ; elle se penche sur l'épaule de Frédéric et s'évanouit. Alors Frédéric éperdu la prend dans ses bras. Dans ce moment on abordait, le ciel commençait à s'éclaircir. Frédéric porte Athénaïs sans connaissance sur la rive... Tout le monde débarque; Athénaïs ouvre les yeux, et tressaille en se voyant dans les bras et pressée contre le sein de Frédéric. De douces larmes s'échappent de ses paupières, et un regard a dédommagé Frédéric de tout ce qu'il vient de souffrir. Cependant Athénaïs, appuyée sur le bras du prince, veut rejoindre la société qui s'avançait vers elle. Le trouble de cette promenade, le danger pressant et réel qui avait occupé tous les esprits, les ténèbres et le bruit imposant produit par la tempête n'avaient pas permis de remarquer les incidens étrangers à cette scène de terreur; mais le calme était rétabli, et tout le monde fut frappé de l'état où était encore Frédéric. On voit encore ses yeux mouillés de pleurs, et sur toute sa personne les traces de la plus vive et de la plus profonde émotion; on voit l'attendrissement d'Athénaïs, on se rappelle que, dans l'instant du plus grand danger, le prince n'a songé qu'à elle, et le secret de cet amour déjà soupçonné par plusieurs personnes est dévoilé *.

On coucha à Lausanne, et le lendemain on retourna à Coppet. Le soir même, Athénaïs, fatiguée, se retira de bonne heure. Le prince, se trouvant tête-à-tête avec madame de Staël, elle répondit à peu près en ces mots aux questions qu'il lui fit sur Athénaïs et sur les particularités de son exil : « Vous savez ce qu'est Athénaïs pour le monde, mais vous ne savez pas ce qu'elle est pour moi. Dans tout autre temps, elle eût été le charme et la parure de ma vie ; mais ici, elle est ma vie elle-même ; ici, je jouis de toute son âme, l'une des plus pures qui soient sorties des mains du Créateur, de son esprit si élevé et si simple, si solide et si gracieux, si fin et si naturel. Constamment occupée des succès de ses amis, Athénaïs n'a pas

* Toute cette scène de la promenade sur le lac et de la tempête est exactement vraie.

une prétention, et pourrait les avoir toutes. Avant elle, on n'avait jamais réuni à la fois tant de désintéressement de soi-même, de modestie et de célébrité.

» Napoléon, monté sur le trône, y porta toute la fierté d'un conquérant, toutes les défiances d'un despote; il voulut plaire, parce qu'il voulait dominer dans tous les genres. Athénaïs avait trop d'éclat pour ne pas attirer sur elle toute son attention. Il la vit pour la première fois à une fête où elle fixait tous les regards; il s'approcha d'elle, et lui parla avec cette espèce de galanterie orientale qui a séduit plusieurs femmes et qui ne fit qu'embarrasser Athénaïs. Elle partit le lendemain, pour aller s'établir au château de Clichy, à un quart de lieue de Paris. Peu de temps après, le père d'Athénaïs, compromis dans une conspiration contre l'empereur, fut arrêté et conduit dans la tour du Temple. Il était fonctionnaire public. La conspiration était prouvée : Athénaïs sentit à l'instant que si son père était jugé, il était perdu; elle écrivit aussitôt à l'empereur pour le supplier de lui accorder un moment d'audience. L'empereur lui fit savoir qu'il la recevrait le jour même à midi. Avant l'heure indiquée, Athénaïs tremblante et baignée de larmes, était dans le cabinet de l'empereur qu'elle trouva seul. L'empereur la fit asseoir et la questionna plutôt, sans doute, pour l'entendre que pour s'instruire d'une affaire qu'il connaissait. Athénaïs n'essaya point de justifier son père, mais elle sut dire tout ce qui pouvait adoucir le ressentiment de l'empereur qui fit délivrer à l'instant même l'ordre de mise en liberté.

Munie de cet ordre précieux, elle vole à la tour du Temple; toutes les portes lui sont ouvertes, elle délivre son père et part avec lui pour Clichy. Elle n'y était que depuis quelques heures lorsqu'elle reçut une lettre du ministre de la police qui lui demandait de le recevoir dans la soirée, et de lui accorder un entretien particulier. Athénais connaissait un peu Fouché, elle l'avait même vu plusieurs fois chez elle. C'est une connaissance qu'il est toujours bon de ménager, sinon pour soi, du moins pour ses amis. Fouché arriva à huit heures. Athénais, curieuse de savoir ce qu'il avait à lui dire, le lui demanda avec empressement. Fouché ne s'embarrasse pas facilement, néanmoins son air contraint frappa Athénais. Il sourit et répondit :

« Permettez-moi d'abord de vous féliciter sur la liberté de monsieur votre père.

— » Ah ! reprit Athénais, que je suis heureuse et reconnaissante !

— « Permettez-moi aussi, reprit Fouché, de vous faire une déclararation que vous pouvez entendre sans embarras, c'est que vous m'avez inspiré un véritable intérêt dont je suis disposé à vous donner des preuves non douteuses.

— » Je suis d'autant plus touchée d'un tel sentiment que rien en moi n'a pu le mériter.

— » Votre jeunesse, madame, votre beauté fixent naturellement sur vous les regards de tout ce qui vous approche. D'ailleurs vous n'ignorez pas que le devoir d'un ministre de la police est d'examiner avec un soin particulier la conduite et les démarches de tous ceux qui peuvent avoir une grande influence dans la société. Et quelle influence peut être plus puissante que celle de la plus belle femme de Paris, recevant les hommages de l'Europe entière, et faisant les honneurs de la maison la plus brillante. Je connais donc parfaitement votre conduite et vos opinions.

— » Ainsi, dit Athénaïs en souriant, vos sentimens ne vous ont porté jusqu'ici qu'à épier mes actions ?

— » Oui, mais en me promettant de ne jamais être votre délateur si j'y trouvais quelque chose de répréhensible, et de me borner, dans ce cas, à vous donner d'utiles avertissemens. Au reste, tout ce que j'ai appris n'a pu que fortifier mon estime pour vous et à tous égards. Par exemple, je sais que Lucien Bonaparte a été très-inutilement amoureux de vous, qu'il vous a écrit plusieurs lettres, et qu'avec beaucoup de calme et de douceur, vous lui avez ôté toute espérance.

— » Qui vous a donc instruit de tout cela?

— » Ma surveillance, à laquelle, soyez en sûre, rien ne peut échapper. Je vous félicite d'avoir rejeté les vœux d'un homme d'un caractère à la fois imprudent et dissimulé. Lucien républicain par ambition, bel esprit sans littérature, poète sans talent et sans verve, amant froidement romanesque, ne méritait nullement de fixer un cœur tel que le vôtre.

— » Ce portrait est beaucoup trop rigoureux. Lucien a des vertus, de l'esprit, le goût éclairé des arts, et nulle mauvaise action n'a souillé sa vie.

— » Vous aurez beaucoup de discussions à soutenir, madame, si vous entreprenez ainsi la défense de tous les gens qui sont amoureux de vous. Mais revenons maintenant au véritable but de ma visite. Je vais vous donner une preuve de confiance, puis-je compter sur la vôtre?

— » Elle vous est inutile : vous savez tout sans qu'on vous fasse de confidences. On peut vous demander le secret, mais l'amitié même est dispensée de vous confier le sien.

— » Nul pouvoir humain ne donne le secret de pénétrer dans les cœurs, et c'est surtout dans le vôtre que je voudrais lire.

— » Il n'a rien à cacher, je vous répondrai toujours sans déguisement. Eh bien?

— » Apprenez que j'ai eu une longue conversation avec le plus grand personnage, et que, dans cet entretien, il n'a été question que de vous.

— De moi!

— Oui, l'empereur ne m'a parlé que de vous pendant deux heures.

— » Cela est étrange.

— » Et vous pouvez ajouter que cela est glorieux. L'empereur a naturellement une sorte de mépris pour les femmes en général, et il a fait votre éloge sur tous les points, avec le ton le plus vrai de l'estime et de l'admiration. Votre réputation, votre esprit, votre modestie, tout, jusqu'au son de votre voix, l'intéresse vivement. D'ailleurs je n'ai pas été muet dans cet entretien, et je vous assure qu'il m'écoutait avec avidité... »

Ici Fouché s'arrêta. Il s'attendait à quelque question pressante, à quelque signe involontaire de joie et d'émotion ; mais l'instinct de l'innocence et de la pureté vaut souvent mieux que la pénétration de la ruse et de l'expérience. Athénaïs pressentait vaguement les intentions et les desseins de l'artificieux ministre. Elle ne répondit rien ; et Fouché ne vit sur son visage qu'une immobilité glaciale : car ce visage est si doux que le dédain ne s'y montre jamais que par la froideur. Après un moment de silence, Fouché interdit se flatta que du moins ce qui lui restait à dire ne pourrait manquer de plaire à cette personne qu'il était si difficile d'émouvoir, et reprenant la parole :

— » Et l'empereur, lui dit-il, m'a chargé de savoir de vous, madame, si une place à la cour vous conviendrait; et dans ce cas, je crois pouvoir vous promettre de vous faire obtenir celle que vous me désignerez.

— » Je n'ai point d'ambition, répondit Athénaïs, et j'ai beaucoup d'éloignement pour la cour; je suis satisfaite de ma position, et je ne désire point changer. » Cette réponse parut si extraordinaire à Fouché qu'il ne la crut pas sincère. Il répliqua en souriant qu'il priait Athénaïs d'y réfléchir, et qu'il reviendrait le lendemain s'informer de ses dernières résolutions, et il prit congé d'elle.

Fouché revint, et comme Athénaïs lui tint le même langage, il fut persuadé qu'elle avait pénétré la vérité et qu'elle en voulait la franche explication. Alors prenant un ton à la fois mystérieux et solennel : « Vous avez toute raison, lui dit-il, de ne point montrer d'empressement... il ne s'agit pas ici de céder à une fantaisie..... J'approuve fort cette conduite réservée et je vous l'aurais conseillée si votre esprit ne vous l'inspirait pas.... On n'a eu jusqu'ici que des caprices auxquels on n'a trouvé nul obstacle. Il est bon que l'on sache à quel point vous différez des autres femmes, et que l'on connaisse toute l'étendue de son propre sentiment par l'inquiétude causée par la résistance. » A ces mots, Athénaïs regardant Fouché d'un air sévère : « Que signifie ce discours ? de qui me parlez-vous, monsieur ?

— » Il faut donc m'expliquer.... L'empereur veut, à quelque prix que ce soit, vous attacher et vous fixer à la cour. »

Cette déclaration si peu délicate inspira à Athénaïs une vive indignation. Cependant elle eut la prudence de la dissimuler, en songeant qu'il était inutile de faire une scène qui répugnait à son caractère et qui lui donnerait pour ennemi irréconciliable un homme puissant et dangereux, si dénué de principes qu'il n'avait rien vu d'offensant dans cette proposition. Athénaïs pensa qu'il suffisait de la rejeter avec fermeté sans avoir l'air d'en être blessée : « Je vous entends, dit-elle en souriant, et vais vous répondre avec une simplicité qui persuadera beaucoup mieux un homme aussi spirituel que vous que ne le pourraient faire de belles phrases et un étalage pompeux de grands sentimens. Je vous le répète, je n'ai pas la moindre ambition, la vie que je mène me convient, et d'ailleurs soit préjugé, soit raison, je suis tellement attachée à ma réputation qu'il n'est point d'intérêt auquel je voulusse la sacrifier. Ainsi, ma conscience, mes goûts, mon caractère m'engagent à rejeter franchement et sans retour de telles offres. Enfin, quand elles pourraient m'éblouir, je ne serais pas même tentée de les accepter parce que je serais absolument incapable d'en tirer le plus léger avantage. Je n'ai rien de ce qu'il faut pour vivre à la cour sans être la dupe ou la victime des intrigans et des envieux...

— » Oui, sans doute, interrompit Fouché, votre candeur aurait besoin d'un guide; et je serais là pour veiller sur vous, pour déjouer les méchancetés, pour vous avertir, vous éclairer, vous donner d'utiles conseils, et pour affermir votre empire.

— » L'empire, en tout genre, coûte trop de soins, d'ennuis et de fatigues. Je ne puis comprendre la passion des grandeurs, je ne conçois que le besoin de les abdiquer.

— » C'est que vous n'y avez pas réfléchi. Quoi donc! avec une ame élevée et bienfaisante vous seriez insensible à la gloire d'enchaîner le fier dominateur de toutes les nations civilisées! vous ne jouiriez pas du bonheur d'adoucir ses mœurs et son caractère, et d'achever d'illustrer par la tendre humanité, la clémence et toutes les vertus généreuses, l'empire formidable fondé par le génie, la force et la valeur!

— » Je n'ai point de telles prétentions; elles ne pourraient exalter mon imagination que si elles étaient légitimes; vous venez de tracer le rôle d'une épouse. Il est vrai qu'une maîtresse pourrait, ainsi qu'Agnès Sorel, inspirer quelques élans généreux; mais le noble ascendant qui s'étend sur la vie entière ne peut être acquis que par un sentiment pur et vertueux.

— » Les motifs et les résultats justifient tout.

— » Je ne puis le croire, et je conserverai toujours cette manière de penser. Songez qu'on ne change pas les opinions inspirées par la conscience et qui s'accordent avec les sentimens les plus intimes du cœur. »

Ce langage simple, positif et raisonné fit enfin connaître à Fouché qu'Athénaïs était de bonne foi; mais prenant sa douceur pour de la faiblesse, il conserva l'espérance, sinon de la séduire, du moins de l'entraîner. Il était d'autant plus attaché à y réussir qu'il avait promis à Bonaparte de ne rien négliger pour y parvenir et que Bonaparte mettait à cette négociation le plus vif intérêt. Il insista; mais tout son talent ministériel et son artificieuse éloquence n'aboutirent qu'à se faire réitérer les refus les plus formels. Il essaya d'intimider Athénaïs : « Songez, dit-il, que vous devez de la reconnaissance à l'empereur, qu'il n'exige point que vous preniez des engagemens contraires à vos préjugés; qu'il désire seulement que vous lui demandiez une place, et qu'il me permet de vous annoncer d'avance que vous aurez celle qui vous sera agréable. Songez bien au danger de refuser une telle offre qui n'a jamais été faite qu'à vous. L'arbitre, le maître de tant de destinées n'est pas fait pour supporter des dédains : il est violent, il est absolu; croyez-moi, ne l'irritez pas.

— » Faites-moi parler de la manière la plus respectueuse et la plus reconnaissante, j'y consens, mais dites-lui que j'ai un éloignement invincible pour la cour. Cette aversion n'est point un outrage pour lui : le besoin du repos et de la tranquillité n'est pour aucun souverain un manque de respect.

— » Oui, dans les situations ordinaires, mais vous n'ignorez pas les sentimens particuliers de l'empereur pour vous, il m'a chargé de vous les déclarer de sa part.

— » Ainsi donc, en m'attachant à sa cour j'aurais l'air de les approuver.

— » Mais comme vous ne promettez rien à cet égard, vous pourriez refuser d'y céder.

— » Mais alors je serais exposée à toutes les violences, à toutes les persécutions de ce maître irrité que vous me dépeignez vous-même si absolu, si impérieux.

— » Il vous persécutera, sans vous voir, avec mille fois plus de colère et d'acharnement. Près de lui un seul de vos regards suffirait pour le désarmer.

— » Il me reprocherait avec raison d'avoir accepté cette place; il ne verrait dans ma résistance que des scrupules affectés et des ridicules; il m'accuserait d'artifice et d'ambition. Enfin, n'en parlons plus, mon parti est pris, il est irrévocable.

— L'empereur se vengera, et je ne pourrai l'empêcher.

— Je ne le brave point, mais je saurai, s'il le faut, supporter ses injustices... »

Ici Frédéric ne pouvant plus contenir l'expression de son admiration : « Adorable créature, s'écria-t-il! qui jamais réunit comme elle tant de grandeur d'âme à tant de modestie et de simplicité !. Mais de grâce, madame, continua-t-il, poursuivez cet intéressant récit. »

Madame de Staël sourit, et reprit ainsi la parole :

— « Fouché fut enfin contraint de renoncer à ses chimériques espérances. Les courtisans les plus déliés et les plus exercés dans l'art insidieux de l'intrigue se trompent quelquefois dans leurs subtiles combinaisons, parce qu'ils ne calculent jamais que sur l'ambition et qu'ils ne peuvent croire à la franchise et à la droiture. Fouché ne cacha point à Athénaïs que Bonaparte était furieux et qu'elle avait tout à redouter de son ressentiment. En effet, peu de temps après, Athénaïs apprit que Bonaparte ne rougissait pas de témoigner du mécontentement à ceux qui allaient chez elle. Le prétexte de cette surprenante colère fut l'amitié d'Athénaïs pour moi, car j'étais déjà exilée. L'animosité de Bonaparte contre Athénaïs se manifesta de tant de manières et avec tant d'éclat, que tous ceux qui s'intéressaient à elle lui conseillèrent de s'absenter pendant quelque temps. Alors, elle demanda des passeports pour l'Italie, en passant par la Suisse, avec le projet de s'arrêter à Coppet, mais le ministre de la police lui dit qu'il avait l'ordre exprès de lui déclarer que si elle me faisait une visite, quelque courte qu'elle pût être, elle ne rentrerait plus en France. Athénaïs partit malgré cet avis, et comme on le lui avait annoncé, elle reçut en arrivant à Coppet, l'ordre du gouvernement qui lui défendait de rentrer dans sa patrie. Jugez, Monseigneur, de mon attendrissement, de ma reconnaissance et de mon admiration en voyant arriver ici cette angélique personne, et en apprenant tous ces détails.

— » Quoi, dit Frédéric, elle est l'objet d'un ressentiment personnel!

— » Oui, Monseigneur, elle est séparée de sa

famille, de ses amis, de sa société; elle est bannie de son pays pour un temps illimité, et peut-être pour toute la durée du règne de Bonaparte, et ce qui met le comble à mon inquiétude, ce sont les dernières nouvelles que j'ai reçues, et qui me font craindre qu'Athénaïs reçoive bientôt l'ordre de quitter Coppet. « Cette coalition de deux femmes établies sur les bords du lac de Genève, effraie, dit-on, le maître du monde. »

Cette idée et tout ce récit produisirent sur l'esprit de Frédéric une subite révolution. Athénaïs, sans lien et sans appui, devint, pour son âme généreuse, un être sacré auquel il devait dévouer sa vie. Ainsi une ravissante illusion lui présentait l'amour en quelque sorte comme un devoir; il attendit avec impatience le moment où il pourrait l'entretenir seule, et la voyant le lendemain se promener sur la terrasse, il vola à sa rencontre. Son premier mouvement en l'abordant, fut de s'écrier : « Athénaïs, qu'ai-je appris?... Je connais enfin votre situation..... Ah! disposez de moi... Je suis à vous. Reprenez votre liberté, c'est avec transport que je vous sacrifie la mienne. »

Ces paroles furent prononcées avec un tel enthousiasme, qu'elles causèrent à Athénaïs une sorte de saisissement.

— « Je vous reconnais, dit-elle, à ces sentimens généreux. Sans doute il me serait bien doux de vous choisir pour le protecteur de ma vie. Avec un appui si noble et si cher, loin de murmurer contre la fortune, j'en bénirais les bizarreries et les revers qui nous auraient réunis. Mais nous sommes séparés par des obstacles insurmontables.

— » Il n'en est point si vous m'aimez.

— » Mon attachement pour vous les augmente encore; ce n'est qu'en le sacrifiant que je puis justifier le vôtre.

— » Que dites-vous ? grand Dieu !

— » Daignez m'écouter.

» Il est vrai que les lois me permettraient de briser la chaîne qui me lie ; mais l'honneur et la religion me le défendent également. Celui dont je porte le nom est en France, et la haine qui m'exile pèse sur lui et le menace. Puis-je, dans une telle situation, me séparer de lui publiquement et avec éclat ? J'ai joui de la grande fortune dont il a toujours fait un si noble usage ; et je renoncerais à lui quand je sais, à n'en pouvoir douter, qu'une puissance redoutable médite et prépare sa ruine !

— » Eh bien, puisque c'est vous que l'on persécute en lui, vous préviendrez ce malheur en détachant votre destinée de la sienne.

— » Non, le coup est porté : il a déjà reçu des marques publiques de la malveillance du gouvernement, il est préparé à tout ce qui peut en résulter. La constance de mon amitié doit être sa consolation. Il y compte, je ne pourrais tromper cette généreuse confiance sans me déshonorer à tous les yeux.... Oui, quels que soient mes sentimens particuliers, quand je vois s'ouvrir pour lui la carrière de l'adversité, je dois m'y fixer avec lui.

— » Athénaïs, dit le prince, vous me percez le cœur..... Que deviendrai-je séparé de vous pour jamais et sans espoir de vous revoir? Quelle sera ma consolation?

— » La certitude que je ne suis pas indigne du sentiment que vous avez pour moi; enfin l'idée que votre grande ame m'eût conseillé tous les sacrifices que j'ai faits, si après lui avoir détaillé ma situation, je lui eusse demandé de diriger ma conduite. » A ces mots, Frédéric fixant sur Athénaïs des yeux baignés de larmes, la contemple un moment sans pouvoir proférer une seule parole. Ensuite, il mit un genou en terre devant elle, et saisissant sa main tremblante, il la serra fortement contre son cœur, et tout à coup se relevant impétueusement :

— « Adieu ! dit-il, d'un voix entrecoupée, Athénaïs, adieu ! » Et il s'éloigna avec rapidité. Athénaïs fondit en larmes, et se hâta d'aller s'enfermer dans sa chambre. Là, se jetant dans un fauteuil : « O ciel ! s'écria-t-elle, c'en est donc fait ! je ne le verrai plus !.... il va partir, et sans doute ce jour même !.... Il ne sera donc venu ici que pour aggraver ses malheurs ! Je n'aurai pu qu'ajouter à ses peines !.... Hélas !... privés l'un et l'autre de notre patrie, tous les deux isolés et souffrans, la même main cause nos peines ; mais par une triste conformité, le sort semblait nous rapprocher pour nous consoler mutuellement, et ces rapides instans que nous avons passés ensemble n'auront servi qu'à nous rendre plus à plaindre !..... Si du moins j'avais pu lui exprimer tout ce que je sens ! Il connaît mes principes, mais il ne connaît qu'imparfaitement mon cœur!.... » Ces tristes réflexions étaient accompagnées d'un déluge de larmes. Au bout de trois quarts d'heure, elle entendit tout d'un coup un bruit de chevaux et de voitures... « Ah! s'écria-t-elle, il part!... » A ces mots, elle veut se lever; ses jambes ne pouvaient la soutenir, elle retombe dans son fauteuil.... La voiture sort de la cour, Athénaïs écoute avec saisissement ce bruit qui diminue et qui bientôt se perd dans le lointain. A mesure qu'il s'affaiblit, Athénaïs se sent défaillir; il lui semble que cette voiture entraîne rapidement avec elle ses forces et son existence..... Enfin, elle prête en vain une oreille attentive; elle n'entend plus rien. Ce silence affreux est pour elle celui du néant... Elle reste dans un état inexprimable de douleur et d'abattement.

Cependant lorsqu'elle entendit l'horloge du château sonner midi, elle fit un prodigieux effort sur elle-même pour s'arracher à cet anéantissement. C'était l'heure où madame de Staël sortait de sa chambre, après avoir déjeuné seule, ainsi qu'Athénaïs et quelques autres personnes qui ordinairement ne se rendaient pas au déjeuner fait en commun. Athénaïs n'éprouvait que le besoin d'être seule, de rêver et pleurer, et ne voulant pas dans ce moment voir madame de Staël, elle résolut de sortir du château.

Il y avait au fond d'un petit bois, à peu de distance du château, une petite chapelle catholique, fondée et bâtie, quarante ans auparavant, avec l'autorisation des magistrats, par un Français établi à Genève et mort deux ans avant la révolution. Cet étranger, toujours vêtu de deuil et vivant dans une solitude absolue, avait intéressé tous les Genevois par sa jeunesse, sa belle figure, sa tristesse profonde, sa piété et sa bienfaisance. Il n'avait point de domestiques; il passait l'hiver à Genève dans une petite chambre qui n'avait pour tous meubles qu'un lit, une chaise, un beau tableau représentant sainte Thérèse, une table, une écritoire et quelques livres. Il allait s'établir, tous les étés, dans le petit bois de sa chapelle où il avait fait bâtir une espèce d'ermitage qu'il ne quittait que le dimanche pour aller à la grande église catholique, entendre l'office divin. Car le gouvernement ne lui avait permis de faire dire une messe basse dans sa chapelle qu'une seule fois par an ; et il avait demandé que ce fût le jour de sainte Thérèse, le quinze octobre. Ce jour solennel pour lui, le solitaire dotait et mariait six jeunes filles. Du reste, il ne faisait nulle dépense pour lui ; mais on savait par son banquier qu'il était riche, et surtout par le nombre infini de pauvres dont il soulageait la misère. Il vécut ainsi vingt ans. On était universellement persuadé que la perte d'une personne chérie au moment où il allait l'épouser, était la véritable cause de ce pieux et singulier genre de vie, et que sans doute l'objet de ce regret si constant avait porté le nom de

Thérèse. A la mort du solitaire, on respecta sa chapelle et son ermitage rempli d'inscriptions touchantes qu'il avait tracées de sa main, dans l'intérieur de la chambre qu'il avait occupée. La porte de l'église était ouverte à toute heure, parce que cette église ne contenait pas de vases sacrés. On n'y voyait que le tombeau du solitaire, un crucifix et un autel sans ornemens. Les catholiques du canton venaient souvent y prier. Durant toute la belle saison, le tombeau était couvert de couronnes, de guirlandes et de bouquets de fleurs des champs, pieuses offrandes déposées par les villageoises autrefois mariées par le solitaire. Les bienfaits sont promptement oubliés dans les villes et dans les palais, mais la reconnaissance ne vieillit point dans les chaumières.

Athénaïs se hâta de sortir du château. Elle tourna ses pas incertains et chancelans du côté de l'ermitage. C'est dans cet humble asile de la douleur, dans ce petit édifice fondé par un amour malheureux qu'elle veut aller porter sa mélancolique rêverie. Elle marchait lentement, et ce ne fut qu'au bout d'une heure qu'elle apperçut l'ermitage dont elle n'était plus qu'à vingt pas.... Dans ce moment, elle entend un léger bruit derrière elle et aussitôt elle se retourne... Quelle est sa surprise!... elle aperçoit Frédéric... Elle éprouve une si vive émotion qu'elle chancelle et qu'elle est forcée de s'appuyer contre un arbre. Frédéric, qui la voit pâlir, se précipite vers elle et la soutient dans ses bras. Athénaïs immobile garde le silence, mais elle jouit en secret du bonheur de revoir celui qu'elle croyait ne revoir jamais... Enfin, rassemblant toutes ses forces : « Vous ne connaissez point, lui dit-elle, cet ermitage qui n'a point d'intérêt pour un protestant....

—» Il en aura pour moi, interrompit Frédéric, quand j'y serai avec vous. Venez vous y reposer. » A ces mots Athénaïs se remet en marche et entre dans l'ermitage avec le prince. Elle avance dans la petite chambre, et montrant à Frédéric une inscription gravée sur la porte : « Lisez », lui dit-elle. Frédéric lut ces paroles : *On a souffert ici avec résignation.... Cœurs sensibles et fidèles, puissiez-vous y trouver les mêmes pensées et le même courage.* « Lisez encore cette inscription, » poursuivit Athénaïs en lui montrant le mur à sa droite : *Le véritable, le seul isolement sur la terre est d'être séparé pour jamais de ce qu'on aime.* « Ah ! dit Frédéric, on a pu souffrir et gémir ici, mais dans quel séjour a-t-on jamais aimé comme je vous aime !

— » Enfin nous nous revoyons, j'entends votre voix, je suis avec vous. Dans ce moment, je ne puis penser à notre malheur, je n'y puis croire; cependant vous partez !

— » Demain seulement, je dois faire mes adieux à madame de Staël; ainsi, je passerai encore cette journée entière avec vous, et, si vous daignez encore m'accorder une heure d'entretien, que ce soit ici. Nous n'y serons point troublés par les importuns du château. » En disant ces paroles, Frédéric cherchait vainement des yeux des sièges pour s'asseoir; il ne vit qu'une espèce de large banc de pierre placé dans une niche faite dans l'épaisseur du mur. Athénaïs l'invita à s'y asseoir : « Cette pierre, lui dit-elle, servait de lit à l'ermite; jamais un doux sommeil n'y ferma ses paupières appesanties, et combien de pleurs y furent répandues sur une douloureuse absence !

— » C'est ainsi désormais que se passeront toutes mes nuits. Oui, c'est la Providence qui m'a conduit dans ce lieu mélancolique pour vous y faire mes derniers adieux. Les plus tristes souvenirs du passé m'y présentent partout l'image de mon avenir. Athénaïs, qu'elle est touchante et vraie cette maxime tracée en gros caractères vis-à-vis ce lit de douleur et que je relis en tressaillant : *Le seul isolement sur la terre c'est d'être pour jamais séparé de ce qu'on aime.* Je verrai désormais partout cette inscription qui contient ma destinée; je la verrai durant ma captivité, pendant mes voyages, et dans le palais de mes aïeux, s'il m'est rendu. A ma dernière heure elle fixera mes derniers regards, et je quitterai la vie sans regrets.

— » Non, vous êtes né pour de plus nobles destins; de grands devoirs à remplir et le temps vous rendront la tranquillité...

— » Athénaïs, ne me ravissez pas la seule consolation qui me reste, c'est que vous rendiez justice à mes sentimens. Que parlez-vous de tranquillité?... il n'en est plus pour moi... Sans doute je remplirai mes devoirs; la vertu me coûte assez cher pour lui rester fidèle : et ne sera-t-elle pas le seul lien qui puisse nous unir désormais!... voudrais-je briser ce dernier nœud d'une céleste sympathie? Ses actions, ses inspirations, son image se confondront toujours dans mon imagination et dans mon cœur, avec votre souvenir. Qu'elle me sera chère! elle me parlera toujours de vous;... mais le repos peut-il exister pour celui qui vous aime et qui sacrifie son amour!... Non, je serai toujours agité, toujours malheureux, mais avec courage et digne de vous. Rappelez-vous que je n'ai combattu ni vos scrupules ni vos résolutions. Le bonheur de vous admirer avec enthousiasme me tient lieu de tout. En combattant vos nobles sentimens, j'aurais cru profaner les miens, j'aurais cru dissoudre l'union sublime de nos ames.

— » Ah! reprit Athénaïs, cette union si pure doit nous assurer dans l'avenir un bonheur que le temps et l'absence ne peuvent détruire.... j'en ai le doux pressentiment. La tendre et fidèle amitié nous dédommagera des peines de l'amour, et c'est ainsi, j'espère, que la tranquillité vous sera rendue un jour.

— » Pour moi, je n'espère rien aux dépens d'un amour dont il me serait impossible de prévoir le terme. »

Cet entretien se prolongea long-temps encore. Enfin il fallut se résoudre à retourner au château. En sortant de l'ermitage, on passa par l'église. Athénaïs témoigna le désir d'y entrer un moment; le prince lui dit qu'il l'attendrait à dix pas sous un arbre. Athénaïs entra dans l'église, et Frédéric, remarquant qu'elle laissait la porte entr'ouverte, se rapprocha doucement, et, sans être aperçu d'Athénaïs, la regarda à travers l'ouverture de la porte. Il la vit s'avancer vers la tombe de l'ermite, se mettre à genoux et prier avec ferveur. Jamais elle ne lui avait paru aussi belle que dans ce moment.

« Non, dit-il, ses sentimens sont trop purs pour qu'elle demande à Dieu de les lui ôter... elle prie pour mon bonheur, et les vœux de cette ame angélique seront exaucés... Il me semble que sa prière calme déjà le trouble affreux de mon cœur... »

Frédéric s'arrêtait délicieusement à cette douce pensée, lorsqu'il vit Athénaïs se lever, et détachant de son sein une branche de rose qu'elle posa sur le tombeau, en même temps elle y prit en échange une des pieuses offrandes. C'était une petite couronne de bluets et de pensées qu'elle emporta. Elle fut surprise et touchée de trouver Frédéric à la porte de l'église.

« Je n'ai osé vous suivre dans cette chapelle catholique, lui dit-il, mais nous adorons le même Dieu, et, durant votre prière, mon cœur tout entier s'élançait vers lui.... »

Athénaïs, attendrie, ne répondit que par un profond soupir; elle donna le bras à Frédéric, et ils prirent tristement le chemin du château.

Ils marchaient en silence et douloureusement préoccupés de cette entrevue qui était leur dernier tête-à-tête... Pour ne point arriver ensemble au château, ils convinrent qu'ils se sépareraient lorsqu'ils seraient auprès d'un superbe sapin entouré d'un banc circulaire de mousse et de gazon, qui se trouvait sur le bord du lac, à deux cents pas du château. Ils ne purent s'empêcher de tressaillir l'un et l'autre en apercevant les longues branches du sapin qui se dessinaient en noir sur l'azur éclatant des cieux, et tous les deux machinalement ralentirent leur marche, afin de retarder de quelques secondes l'instant fatal de cette séparation.... et tous les deux, craignant également d'aggraver leur douleur, se promirent intérieurement d'en supprimer toutes les démonstrations. Arrivés au pied de l'arbre, la tremblante Athénaïs s'assied, ou, pour mieux dire, tombe sur le banc de mousse..... Dans ce moment, la couronne de fleurs qu'elle avait prise sur le tombeau de l'ermite s'échappe de sa main et va rouler aux pieds de Frédéric. Le prince aussitôt la ramasse, et la pressant sur son cœur :

« Chère Athénaïs, dit-il d'une voix entrecoupée, donnez-moi cette couronne formée par le sentiment et le regret, et recueillie par la piété; elle eût orné la tombe d'un amant fidèle et malheureux; sa destination sera remplie, je la conserverai toute ma vie comme le précieux gage de la tendresse la plus pure, et j'ordonnerai qu'après ma mort elle soit déposée dans mon cercueil... Athénaïs, venez quelquefois sous cet ombrage; que cet arbre, témoin de ma douleur et de mes regrets, vous soit cher! Que sur l'écorce, pressée par votre tête charmante, ces mots sacrés soient écrits : *Regrets et fidélité!...* »

En achevant ces mots, Frédéric met dans son sein cette couronne de fleurs et s'éloigne en gémissant... Il précipite sa marche, et, en peu d'instans, il arrive au château. Il y apprend que madame de Staël n'a point encore paru dans le salon; il se rend aussitôt dans son appartement, la trouve seule, se renferme avec elle et lui fait à la fois ses adieux et la confidence entière de son amour pour Athénaïs.

« Vous ne m'étonnez point, lui dit madame de Staël; j'avais pénétré vos sentimens et ceux d'Athénaïs, et, d'après la connaissance que j'ai de sa situation, qui rendrait si facile, si elle le voulait, la dissolution de son mariage, je croyais à vos amours et à ce roman si intéressant, le dénouement le plus heureux; mais je perds, ainsi que vous, toute espérance à cet égard, puisqu'Athénaïs, en se dégageant, croirait manquer de délicatesse et de générosité. Ce qu'elle vous a dit sur ce point est un arrêt irrévocable. Vous l'aimiez assez pour admirer ses scrupules et pour vous y soumettre; c'est vous immoler, mais c'est acquérir de nouveaux droits sur un cœur tel que le sien. Dans cette situation, vous feriez peut-être bien de partir immédiatement, et je ne me sens pas le courage de vous en donner le conseil. Pourquoi nous presserions-nous de refuser le peu de jours que le ciel nous envoie? Ne sera-t-il pas toujours temps d'obéir à la destinée, lorsqu'elle se sera expliquée plus formellement, lorsque des ordres auront disposé de vous ? Alors vous vous efforcerez de consommer généreusement ce noble et grand sacrifice ; alors, pour vous aider à remporter cette triste victoire sur vous-même, vous aurez le sentiment du devoir. Mais à présent, puisque vous êtes maître de rester encore quelques instans auprès de nous, tâchons tous d'oublier que nous devons bientôt nous séparer. »

Pendant cette conversation, la triste Athénaïs restait anéantie sous l'arbre où Frédéric l'avait laissée ; elle ne fut tirée de ce profond accablement qu'en entendant marcher assez près d'elle. C'étaient Verner et M. Schlegel. Ils s'approchèrent d'Athénaïs qui aussitôt se leva en disant qu'elle avait fait une longue promenade et qu'elle était fatiguée. M. Schlegel repartit qu'on le voyait bien parce qu'elle était pâle et changée. Parmi ses innombrables prétentions se trouvait celle de se croire des connaissances admirables en médecine, sur laquelle il avait, disait-il, ainsi que sur toute chose, des idées très-particulières. Afin de démontrer à Athénaïs que sa lassitude venait d'avoir trop marché, il entama la plus diffuse et la plus ennuyeuse dissertation sur les avantages et les abus des exercices du corps. Il n'en était encore qu'à la gymnastique des anciens Grecs lorsqu'on entra dans le salon; et, ne voulant pas que la compagnie qu'il y trouva perdît quelqu'une des belles choses qu'il venait de débiter, il rétrograda et retourna aux Egyptiens et aux Chaldéens. Pendant ce discours scientifique, Athénaïs qu'il avait eu l'attention de placer dans un grand fauteuil, en lui recommandant le repos et la tranquillité, était en effet immobile et tellement absorbée dans ses pensées, qu'elle n'entendait pas un mot de ce qui se disait et se passait autour d'elle. Ses yeux étaient fixés sur la porte par où était entrée madame de Staël; car elle se doutait bien que Frédéric était dans son appartement et qu'il viendrait avec elle dans le salon. M. Schlegel en était toujours aux Egyptiens, lorsque l'oreille attentive d'Athénaïs reconnut le bruit du pas de Frédéric et même celui du léger froissement de la robe de madame de Staël. La porte s'ouvre, le prince et madame de Staël paraissent. Ctte dernière s'avance vers Athénaïs, et lui dit tout bas que le prince est décidé à attendre un courrier avant de prendre un parti. Athénaïs respire, ce délai ôtait du moins à la journée qui allait s'écouler ce qu'il y a de plus triste au monde, la veille d'un départ. Un moment après, madame de Staël proposa tout haut à Athénaïs de faire avec elle un tour sur la terrasse. M. Schlegel s'y opposa vivement et en répétant qu'il avait prescrit à Athénaïs un repos total qui lui était absolument nécessaire. Madame de Staël promit en souriant de marcher bien lentement, et malgré les murmures de M. Schlegel, elle sortit avec Athénaïs. Lorsqu'elles furent sur la terrasse, Athénaïs lui demanda une explication sur les projets de Frédéric.

— » Ils ne sont pas fixés encore, lui dit-elle ; mais avez-vous oublié que j'ai promis un bal pour demain, que les invitations sont faites, et que le prince, avec beaucoup de grâce, a pris l'engagement d'y être.

— » Il a pris cet engagement il y a douze jours, il croyait alors rester beaucoup plus long-temps.

— » Je vous ai dit que ces projets n'étaient pas fixés, et soyez sûre qu'il va éviter de s'en occuper. Croyez-moi, évitez aussi d'y trop penser; songez maintenant qu'on viendra au bal surtout pour lui et pour vous voir danser.

— » Moi, danser dans ce moment !

— » Il le faut. Si, dans cette nombreuse assemblée, vous n'aviez pas le courage de surmonter votre douleur, vous donneriez lieu à mille fables ridicules. Les exilés surtout doivent éviter de faire parler d'eux. Dans les temps d'esprit de parti, toute anecdote dégénère promptement en calomnie.

— » Moi, danser demain ! quand j'ai le cœur brisé !

— » Néanmoins je suis sûre que vous jouissez délicieusement de penser qu'il ne partira pas demain. N'est-il pas naturel de célébrer ce demain, ce jour qui, au lieu d'être l'époque funeste d'une cruelle séparation, s'écoulera tout entier près de lui !... Oui, vous danserez, avec quelque émotion sans doute, mais non sans quelque joie....

— » Mais je pourrais m'en dispenser sous le prétexte de cette lassitude à laquelle croit si bien M. Schlegel.

— » Si vous ne dansiez pas, il n'y aurait pas de fête. Vous ne voulez pas me priver du plaisir d'en donner une charmante au prince avant son départ. D'ailleurs, vous l'avouerai-je, ma belle Athénaïs, j'ai pour vous une coquetterie que vous n'avez pas. Le prince vous a entendue jouer de la harpe, chanter, il ne vous a jamais vu danser, et je veux qu'avant de vous quitter, il connaisse tous vos agrémens enchanteurs.

— » J'espère, ou pour mieux dire, je suis certaine qu'un talent si frivole n'ajoutera rien à ses sentimens.

— » Non, mais ce talent séducteur placera dans sa tête une ravissante image de plus dont vous serez l'objet... Comment serez-vous mise ? »

Cette question fit sourire Athénaïs.

— « Voilà bien, dit-elle, une question de femme.

— » Et d'amie, reprit madame de Staël.

— » Eh bien, dit Athénaïs, je ne puis mieux vous répondre qu'en vous avouant sans détour qu'aussitôt que vous avez parlé de bal, j'ai pensé à la coiffure et à l'habit que j'aurai. Je serai parée des fleurs qu'il a consacrées pour moi ; je mettrai dans mes cheveux une couronne de bluets et de pensées, et des guirlandes de ces mêmes fleurs garniront mon habit.

— » Ah ! s'écria madame de Staël en embrassant Athénaïs, que j'aime votre candeur et votre sincérité ! Allons, je vais sur-le-champ faire partir un courrier pour Genève avec ordre d'y acheter et de nous rapporter toutes les pensées et tous les bluets qu'on pourra trouver chez les marchands de fleurs artificielles. L'idée est charmante, je veux contribuer à son exécution. » En effet, madame de Staël quitta aussitôt Athénaïs pour aller expédier le courrier; Athénaïs rentra dans le salon.

Athénaïs et Frédéric écartant de leur imagination l'affligeante pensée d'un départ indispensable, se livrèrent au bonheur d'être encore à côté l'un de l'autre. Le dîner fut très-animé par une conversation qui fit rester à table près de deux heures. On y parla de la chapelle de l'ermite. Verner raconta l'histoire de cet intéressant solitaire et loua sa constance; mais M. Schlegel soutint qu'avec une extrême sensibilité on était nécessairement inconstant, parce que le besoin impérieux d'aimer entraînait un cœur passionné vers un nouvel objet, quand on n'avait plus d'espérance, ou qu'on était séparé, par l'absence ou par la mort, de celui qu'on avait adoré. Il ajouta que la constance n'était, au vrai, que de l'apathie, et que par conséquent l'ermite n'avait été qu'un homme froid et flegmatique. Seymour approuva fort cette opinion qui fut d'ailleurs combattue par tout le monde et surtout par Frédéric. Cette dispute dura jusqu'au moment où l'on sortit de table pour monter en calèche et pour aller se promener au bord du lac. Le reste de la journée s'écoula pour Athénaïs et Frédéric, avec la rapidité d'un songe. Mais l'adieu du soir fut douloureux, parce qu'il faisait présager celui qui devait sitôt le suivre, et en le prononçant les yeux d'Athénaïs se remplirent de larmes. Elle trouva dans sa chambre un boisseau de bluets et de pensées que le courrier avait rapportés de Genève, et les femmes d'Athénaïs passèrent une partie de la nuit à en garnir la robe blanche qu'elle devait porter le lendemain au bal.

Le bal commença le matin dans une salle de verdure au milieu du parc. L'assemblée était nombreuse et brillante. Lorsqu'Athénaïs y parut, l'élégance de sa parure et l'éclat de sa beauté causèrent la sensation la plus vive et la plus marquée; les danses commencées furent sinon suspendues, du moins ralenties et brouillées : la surprise et l'admiration ne permettaient pas d'exécuter les figures et d'écouter la musique ; tous les danseurs, les yeux fixés sur Athénaïs, oubliant la danse, marchaient avec lenteur et distraction, et chacun, dans toute l'étendue de la salle, répétait à demi-voix cette exclamation : Qu'elle est belle!..... qu'elle est charmante!... Le modeste embarras d'Athénaïs accrut encore sa beauté, et si Frédéric n'eût pas été témoin de cet hommage universel et involontaire, elle aurait voulu pouvoir s'y dérober. Mais pouvait-il lui déplaire?... Elle voyait Frédéric en jouir avec ivresse; elle le voyait regarder avec attendrissement cette couronne de pensées et de bluets qui parait sa tête, et qui était entièrement semblable à celle qui lui était si chère. Frédéric s'approcha d'Athénaïs et lui dit, sur le choix des fleurs qui formaient sa parure, mille choses délicates et passionnées dont elle seule pouvait comprendre le sens. Elle ne pouvait refuser de danser, et sa danse causa un véritable ravissement. Le bonheur de charmer Frédéric de tant de manières avait complètement suspendu toutes les peines d'Athénaïs, involontairement atteinte par l'impression qu'elle produisait : ce jour fut le plus beau de sa vie.

Mais il est dans le cœur de l'homme d'éviter de croire lorsqu'il a trop d'intérêt à douter; reculer un événement que l'on craint, c'est presque le dépouiller de sa triste certitude. Il semble toujours, que d'autres circonstances surviendront pour le reculer encore. Ainsi, le prochain départ du prince était inévitable, mais une illusion bien difficile à écarter permettait d'espérer que chaque lendemain devait encore avoir un jour suivant.

C'est ce qui n'arriva point; et le lendemain même de ce jour si heureux, Frédéric reçut un courrier qui lui apporta la nouvelle que la Prusse venait de contracter un traité de paix avec la France, en même temps que l'ordre du roi de partir de suite pour retourner à Berlin. Une telle nouvelle et un tel ordre, sans doute étaient attendus, et cependant ce fut comme un événement imprévu. Il fallait donc que le prince s'arrachât d'un lieu qui était devenu pour lui une si douce patrie. L'ordre était formel, et il ne restait plus qu'à obéir. Le départ fut donc fixé à la nuit suivante, c'était tout le retard qu'il fut possible de se permettre.

La journée entière ne fut qu'un adieu prolongé.

La soirée, toutefois, arriva bien vite encore, et le moment de la séparation se précipitait avec une incroyable rapidité.

Madame de Staël, à cette époque, travaillait à son bel ouvrage de *Corinne, ou l'Italie.*

Soit pour échapper aux angoisseuses tristesses d'un moment qui s'approchait comme une menace, soit pour se soustraire à l'embarras d'une situation pénible qui était soupçonnée par tous, mais que tous ne pouvaient pas apprécier, soit peut-être pour retarder de quelques instans l'instant fixé, Athénaïs imagina d'engager madame de Staël à lire un fragment de *Corinne.*

Madame de Staël comprit tout de suite que c'était un moyen pour sa jeune amie de se concentrer plus librement dans ses pensées, sans les laisser pénétrer à ceux de la société qui devaient y rester plus ou moins étrangers. Elle s'empressa donc d'aller chercher le fragment qu'elle croyait pouvoir le mieux répondre à une telle intention. Son choix ne fut pas long-temps incertain; elle se saisit de la seconde improvisation de *Corinne*, celle qui est maintenant au nombre des souvenirs poétiques du cap de Misène, sur les bords du golfe de Bage, et qui est en même temps un adieu si intime et si solennel à tous les bonheurs, à toutes les gloires.

Madame de Staël désira qu'Athénaïs voulût bien interrompre de temps en temps les mouvemens de l'improvisation par des harmonies tirées de la harpe.

Un tel concours d'effets enchanteurs aurait pu paraître une fête, si d'ailleurs la tristesse n'eût pas été sur tous les visages, si des larmes n'eussent pas été dans tous les yeux.

Ce voile mélodieux jeté sur une séparation dont il était impossible de prévoir le terme, les paroles pénétrantes de la muse inspirée, les sons suaves et pour ainsi dire émus que laissait échapper la harpe d'Athénaïs, toute cette poésie de l'ame eût été ravissante, si elle n'eût pas caché un moment auquel il n'était plus possible d'échapper.

Un long silence succéda. Toute conversation était devenue impossible. Minuit sonne à l'horloge du château : c'était l'heure qui avait été fixée pour le départ.

Madame de Staël se lève, le prince se lève à son tour comme pour obéir au mouvement de madame de Staël, mais sans y associer sa propre pensée.

Tous ceux qui étaient présens se retirent. Madame de Staël, Athénaïs et le prince restent seuls : le moment était donc venu de faire de véritables adieux.

Athénaïs et Frédéric ne pleuraient point ; le saisissement les rendait immobiles.

Madame de Staël, se tournant vers le prince : « Adieu, Monseigneur, dit-elle ; vous avez goûté tout ce que l'amour peut avoir de pur, de tendre, de délicat, tout ce qu'il peut inspirer de noble, d'héroïque; nulle faiblesse n'a profané de si ravissantes émotions; la douceur et le charme d'un tel souvenir seront pour Athénaïs de sûrs garans de vos regrets et de votre fidélité: Si jeune encore, vous pourrez peut-être céder quelquefois à une séduction passagère; mais votre cœur n'appartiendra jamais qu'à Athénaïs, à celle qui a développé dans ce noble cœur le germe de toutes les affections généreuses. »

Le château de Coppet, si animé pendant plusieurs années, même aux jours de l'exil, maintenant est désert. Les émotions de gloire, de douleur, d'espérance, d'affections élevées, de sentimens généreux, tout est remplacé par le silence : l'exil est devenu l'exil du désert.

Les étrangers ne vont plus visiter ce lieu que comme un lieu d'anciens souvenirs ; il a pris sa place, en quelque sorte, parmi les ruines illustres.

Il ne reste plus des journées inquiètes et troublées dont on vient de lire le récit que le beau tableau de Gérard, *l'Improvisation de Corinne au cap de Misène.*

FIN.

TABLE DES SOMMAIRES

CONTENUS

DANS LE TOME III.

LETTRE LIII.

Mariage de Zoé. — Le bon curé. — Singulière corbeille de noce. — Beau présent envoyé de Paris. — Amour-propre d'une vieille cuisinière. — Jalousie provinciale.   1

LETTRE LIV.

Tristesse toujours croissante de madame de Roseville. — Les oliviers. — Le canal de Languedoc. — Air national. — Danses interrompues par un enterrement. — Gaieté des jeunes filles. 12

LETTRE LV.

Passion de madame de Roseville pour le comte de Pahren. — Ce qui en général séduit une femme sensible. — Une soirée chez madame la duchesse de Duras. — Sa société. — MM. V..... de C.... C.... — Tableaux en action. — Corinne. — M. le duc de Maillé. — M. de Kergorlay et sa famille. — Madame Récamier toujours charmante. — Son salon. — Second mariage de M. le duc de Duras. — Mesdames de Rozan et Larochejacquelin. — Anecdotes sur Fouché, ministre de la police générale. 23

LETTRE LVI.

Les arènes de Nîmes. — Effet qu'elles produisent sur madame de Roseville. — S. A. R. Monsieur (Charles X). — Il reçoit une fête. — La maison carrée. — Musée de Nîmes. — Le temple de Diane. — Les têtes d'aigles coupées. — Mosaïque dans une cave. — Mauvais goût au siècle de Louis XV. — Bains romains. 43

LETTRE LVII.

Voyage à Versailles. — La pauvre aveugle. — Mesdames Duroure, de Macnemara, de Caumont, de Châteaugiron, MM. de Saulty et Malitourne. — Histoire du diadème d'émeraudes de madame la comtesse Demidoff. — Gondoles. — M. Jalois, ingénieur. — Aventure scandaleuse. 62

LETTRE LVIII.

Humeur de la comtesse de Roseville. — Départ pour Arles. — M. le baron Laugier de Chartrouse. — Concert d'amateurs. — M. le comte Isidore de Montlaur. — Il se marie. — Madame Aglaé de Saint-Cricq. — Son mari. — La belle manufacture de Creil. — Arènes d'Arles. — L'obélisque. — MM. Amédée Pichot, de Forbin, Vernet et Balthazar Sauvan. — Le prince de Talleyrand. 86

LETTRE LIX.

Craintes et conseils de madame Dorcy. — Excellent ton des marchands. — Madame Bourbonne, lingère. — MM. Lefranc et Hemery. — Inexactitude à la mode. — Nécessité d'être riche pour donner des leçons. 94

LETTRE LX.

Reproches qu'elle lui adresse. — La porte d'Auguste à Nîmes. —

TABLE DES SOMMAIRES.   355

Le petit mendiant et son singe. — Le vieux soldat. — Son histoire. — Beau trait d'un enfant de huit ans. — Présent singulier offert par la reconnaissance. — Le pont du Gard. — Mastic des Romains retrouvé à Bordeaux. — Coucher du soleil. — Fête d'un village qui amène un accident. — Frayeur des paysans qui croyent voir le diable. — Manufacture de Lyon.   105

LETTRE LXI.

Caveaux de l'église de Sainte-Geneviève servant de sépulture aux anciens sénateurs. — Tombeau du duc de Montebello. — Ceux de Voltaire et de Rousseau. — Cimetière du Père Lachaise. — Son peu de solennité. — Monumens de madame Demidoff, des maréchaux Masséna, Pérignon et Lefebvre, des comtes de Valence et Foy. — Négligence impardonnable. — Mademoiselle Augustine Leroy. — M. Kollier. — Portrait de Talma. — Jardin du roi. — Ménagerie. — Cabinet d'histoire naturelle.   124

LETTRE LXII.

M. le comte de Brosses, préfet à Lyon. — Son impartialité. — M. le général Paultre de Lamothe. — MM. Revoil et Bonnefond. — Musée. — M. Artaud, directeur de cet établissement. — Antiquités égyptiennes. — Mosaïques précieuses. — La jambe d'un cheval. — Statue découverte dans la Saône. — Hôpital magnifique. — Les sœurs grises. — Leur dévouement. — Bibliothèque musicale de M. Maigre. — Manuscrits rares. — M. Bourget. — MM. Lainé, Adrien, et mademoiselle Maillard, acteurs de l'Opéra. — Crescentini, David et madame Grassini.   133

LETTRE LXIII.

M. le duc de Doudeauville. — Audience d'un ministre. — Son peu de galanterie. — Lepeintre, Bernard-Léon, et Fontenay, ayant le pas sur les dames. — La marquise de L... — Empire des beaux yeux sur monseigneur. — Madame Récamier. — Lettres qui lui sont adressées par madame la comtesse de Genlis. — LE CHATEAU DE COPPET, nouvelle. — M. de Forbin. — Leçons d'équitation données par M. Aubert. — Mesdames de Guiche et de Noailles. 143

LETTRE LXIV.

La ville de Moulins. — Mausolée du connétable de Montmorency. — Église devenue un grenier à foin. — Marchands de ciseaux. — Nevers. — Laideur de la ville. — Émaux. — Cosnes. — Fonderie des ancres de la marine royale. — Les forgerons. — Le château de Fontainebleau. — École militaire. — MM. de Faudoas, de Brack, de Briqueville, de Tamnay, de la Woëstine. — Table à jamais célèbre. — Forêt. — La cabane du bûcheron. — Napoléon s'y arrête. — Brusquerie d'un paysan. — Présent qu'il reçoit. 160

LETTRE LXV.

Raisons qui empêchent madame Durand de se rendre à Paris pour le mariage de son amie. 172

LETTRE DERNIÈRE.

Son mariage. — Fuite de la comtesse de Roseville. — MM. Auvity et Kinson. — Réflexions sur ce qui peut assurer le bonheur d'une femme. 176

FIN DE LA TABLE.

TABLE ALPHABÉTIQUE

DES

PERSONNES CITÉES DANS CET OUVRAGE.

A.

ANGLEMONT (M. d'), I, 88, 113.
ANQUETIL (la comtesse), I, 159, 173, 174.
ARTHUIS (M.), I, 197.
ARTHUIS (madame), I, 197, 218.
ANCELOT (M.), I, 224, 226.
AMBOISE, II, 12 et suiv., 128 et suiv.
A... (le marquis d'), II, 22, 35 et suiv.
ARDISSON (M.), II, 22, 38.
ANGOULÊME (la duchesse d'), II, 40.
ARQUES, II, 40, 51, 52.
AUCH, II, 152 et suiv.
A... (le duc d'), II, 204.
A.... (M.), II, 385.
ARLES, III, 86 et suiv.

Artaud (M.), III, 133, 139.
Adrien, III, 133, 141.
Aubert (M.), III, 143, 158.
Auvity (M.), III, 178.
Abrantès (la duchesse d'), III, 131.
Avrillion (mademoiselle), III, 131.

B.

Bedford (la duchesse de), I, 49.
Belleyme (M. de), I, 70, 79.
Bassano (madame la duchesse de), I, 88, 99.
B....t (madame de), I, 88.
Banti (miss), I, 42, 53.
Boyeldieu (M.), I, 85.
Briffaut (M.), I, 88, 112.
B.... (mademoiselle), I, 88.
Boyne (M. de), I, 131.
Blois, I, 134, 144, 145.
Bellune (le maréchal de), I, 134, 150.
Bellune (la maréchale de), I, 134, 151, 153.
Bordogni (M.), I, 159, 162. II, 69.
Beauplan (M.), I, 159, 162.
Brod (M.), I, 159, 162, 363. II, 64, 71.
Baillot (M.), I, 159, 163, 362.
B..... (madame), I, 180 et suiv.

BROOKS (M.), I, 188.

BRUMPTON, I, 189.

BRADI (la comtesse de), I, 197, 201.

BEAUREGARD (M. de), I, 197, 210, 276.

B...... (mademoiselle de), I, 197.

BAWR (madame de), I, 224, 226, 227.

BEL-AIR, I, 269.

BLAINVILLAIN (mademoiselle de), I, 279.

BRACK (madame), I, 338, 340.

BECQUEREL (M.), 338, 345.

BARANTE (M. de), I, 338, 359.

BEL... (M. de), I. 375.

BEL... (madame de), I, 375.

BERRY (la duchesse de), I, 398 et suiv. II, 40 et suiv., 44, 45.

BAGNÈRES, II, 10, 112 et suiv., 152 et suiv., 252 et suiv., 294 et suiv.

B... (madame de), II, 40, 60, 61.

BRANCHU (madame), II, 64, 69.

BENDERALI (M.), II, 64, 70.

BERTINI (M.), II, 64, 72.

BAECKER (M. Casimir), II, 64, 73.

BERTRAND (madame), II, 64, 73.

BERBIGUIER (madame), 64, 73.

BENAZET (M.), II, 71.

BRUXELLES, II, 140 et suiv.

BRINVILLIERS (madame de), II, 140, 147.

BARRÈRE, II, 152.

BARÈGES, II, 177 et suiv.

Bergons (le pic de), II, 185.
B... de C... (le comte), II, 361, 367.
Bethisy (mademoiselle de), II, 385, 400 et suiv.
Bourbonne (madame), III, 98.
Brosses (le comte de), III, 133, 137 et suiv.
Bonnefond (M.), III, 133, 138.
Bourget (M.), III, 133, 141.
Bernard-Léon, III, 143, 145.
Brack (M. de), III, 160 et suiv.
Briqueville (M. de), III, 160 et suiv.
Benjamin Constant (M.), III, 210 et suiv.
Bonaparte (Lucien), III, 303 et suiv.

C.

Chambord, I, 86, 134, 136, 138.
Chateaubriand (le vicomte de), I, 84, 88, 94, 96, 97; II, 57.
Courbonne (madame de), I, 88, 99.
Chouldmondley (lord), I, 42, 43.
Coupigny (M. de), I, 88, 115.
Chazet (M. Alissan de) I, 88, 115.
Chamberi, I, 131.
Clisson, I, 132.
Chanteloup, I, 157, 338, 354 et suiv.
Chenonceaux, I, 157; II, 128 et suiv.

Clouet (le général), I, 197, 216.
Choiseul (la comtesse de), I, 224.
Condé (mademoiselle de), I, 231, 253.
Chateaubriand (la mère de M. de), I, 231, 253.
Chateaubriand (le frère de M. de), I. 231, 256.
Carrisbrook, I, 298, 308.
Covent-Garden, I, 298, 311, 314 et suiv.
Ciceri (M.) I, 298, 338, 361.
Cowes-Harbour, I, 305.
Clery (abbaye de), I, 280, 324, 329 et suiv.
Cuvier (M.), I, 338, 340, 341.
Chaumont (le château de), I, 338, 356.
Castil-Blaze (M.), I, 338, 363.
Chaptal (le comte), I, 353.
Calais, I, 411.
Clarac (M. de), II, 22, 38.
Carafa (M.), II, 22, 38,
Cossé (M. de), II, 40, 61.
Cherubini, (M.), II, 64, 68.
Catel (M.). II, 64, 68.
Courbonne (M.), II, 64, 69.
Chollet (M.), II, 69.
Charlet (M.), II, 76.
Chimay (la princesse de), II, 79, 140, 142 et suiv.
C.... (le comte de), II, 140, 150.
C... (la comtesse), II, 204, 210 et suiv.
C... (M.), II, 204, 213 et suiv.
C... (la marquise de), II, 248.
C... C..... (M. de), III, 23.

C..... (M.), III, 31.
CAPELLE (la baronne), III, 39.
C.... (madame de), III, 40 et suiv.
CHARLES X, III, 43, 47 et suiv.
CAUMONT (madame de), III, 62, 67.
CHATEAUGIRON (madame de), III, 62, 67.
CRESCENTINI, III, 133, 141.
COPPET (le château de), III, 143, 155, 196 et suiv.
COSNES (la ville de), III, 160 et suiv.
CAMILLE JORDAN, III, 211.
CHATEAUVIEUX (M. de), III, 213.

D.

DELAVIGNE (Casimir), I, 88, 106, 107, 108, 111, 224, 228.
DELRIEU (M.), I, 88, 116, 117.
DUSSECK (M.), I, 159, 163.
DICKSON (madame), I, 159, 166, 167, 393.
DUCHESNOIS (mademoiselle), I, 224, 225.
DELANOUE (M.), I, 266, 269.
D..... (le comte), I, 282, 285, 286.
DAGUERRE (M.), I, 298.
DUBOIS (M.), I, 356.
DIEPPE, I, 398, 409; II, 40 et suiv.
DERBYSHIRE, I, 411.

Duras (la duchesse de), II, 1.
Dussumier (M.), II, 1, 8.
Duperreux (M.), II, 22, 38.
Delarue Beaumarchais (madame), I¹, 22, 38.
Duroure (madame), III, 62, 64.
Demidoff (la comtesse), III, 62, 69.
David, III, 133, 141.
Doudeauville (le duc de), III, 143.
Duplessis (madame), II, 22, 38.
Demidoff (le comte), II, 40, 59.
Demidoff (M. Paul), II, 40, 60.
Derivis (M.), II, 64, 69.
Duret (madame), II, 64, 69.
Dabadie (madame), II, 64, 69.
Damoreau (madame), II, 64, 69.
Duret (M.), II, 64, 71.
Desargus (madame), II, 64.
Daurrat (M.), II, 71.
D'... (la comtesse), II, 204.
De ... (le comte), II, 294, 303 et suiv.
De ... (le marquis), II, 294, 303 et suiv.

E.

Elisbert (mistriss), I, 42, 53, 54.
Etienne (M.), I, 88, 117.
Elliot (madame), I, 180, 189, 190, 191, 395.

Ebner (M.), I, 338, 363.
Erard (MM.), II, 73.

F.

Fitz-James (le duc de), I, 88, 94, 102, 103.
Forster (M.) I, 168.
Feutrier (l'abbé) I, 205.
Fontaine (la), I, 277.
Flemming (M.), I, 338, 360 et suiv.
Fétis (M.) I, 338, 362.
Fitz-Gérald (lady Edouard), II, 1, 9.
Forbin (M. de), II, 22, 37, III, 86, 92, 143, 150.
Fumel (le comte de), II, 361, 369.
F.... (mademoiselle de), II, 392.
Fouché, III, 23, 41, 303 et suiv.
Fontenay, III, 143, 145.
Fontainebleau, III, 160 et suiv.
Faudoas (M. de), III, 160.
Frédéric de Prusse (le prince), III, 225 et suiv.

G.

Girodet, I, 83, 165, 338.
Gros, I, 81, 338, 361.

GÉRARD, I, 81, 84, 338, 361, II, 71.
GUIRAUD (M.), I. 88, 109 110, 224, 228.
GAY (mademoiselle Délphine), I, 88, 118.
GAY (madame), 88, 118.
GALLAY (M.), I, 159, 162; II, 71.
GARDEL (madame), I, 159, 164, 230.
GUERCHY (M. de), I, 266.
GUERCHY (madame de), I, 266 269.
GOBELINS (les), I, 282, 294.
GEOFFROI SAINT-HILAIRE (M.), I, 338, 343.
GRAMMONT (le duc de), II, 1, 4.
GUICHE (la duchesse de), II, 1, 4.
GOUPY (madame), II, 40, 54.
GOSSEC (M.), II, 64, 68.
GATAYES (M.) II, 64, 73.
GRENIER (M.), II, 64, 76.
G..... (le marquis de), 79.
GONTAUT (madame de), II, 112, 114, 115 et suiv.; 186, 187, 299.
GAUTHIER (M.), II, 112, 123.
GAVERNIE, II, 158 et suiv.
GALLES (le pays de) ,, 44.
GRABOWSKA (madame de), II, 385, 386, 399 et suiv.
GARAT (la baronne Paul), III, 39.
GALITZIN (le prince de), III, 72.
GRASSINI (madame), III, 133, 141.
GENLIS (la comtesse de), III, 143, 149.
GOLOFKIN (le comte), III, 213.

H.

Hugo (M. Victor), I, 88, 113.
Hyde-Park, I, 298, 319.
Hersent (M.), I, 338, 361.
Hainguerlot (madame), II, 40, 53.
Henry Herz (M.), II, 64, 71.
Habeneck (M.), II, 71.
Hemery (M.), III, 98.
Hollier (M.), III, 124, 130.

I.

Illiers (M. d'), I, 218, 266, 277 et suiv.
Isabey (M.), I, 338, 361.

J.

Jalons (M.), I, 218, 266, 279. II, 112, 126.
Jacqueminot (M.), I, 231, 234.
J..... (madame de), II, 385, 386.
Junot, III, 131.
Jolois (M.), III, 64, 80.

K.

Kalkbrenner (M.), I, 159, 163, 338, 362; II, 71.
Kemble (M. Charles), I, 313.
Kesner (M. Prosper), II, 94, 98, 99, 102.
Kergolay (le comte Florian de), III, 54.
Kinson, III, 185.
Krudner (madame de), III, 213 et suiv.

L.

Laborde (M. de), I, 197.
Laborde (madame de), I, 197, 200.
Laborde (mademoiselle de), I, 197, 201.
L..... (madame des), I, 197.
La Touanne (la famille de), I, 220.
Lorges (le duc de), I, 231, 233.
Louvois (le marquis de) I, 231, 234.
Lafitte (M.) I, 231, 234.
Lulworth (le couvent de), I, 231.
Lambert (madame de), I, 266, 269.
Lepeintre (M.), I, 266, 274 et suiv.
Londres, I, 298, 412 et suiv; II, 79 et suiv.
La Ruelle (M. de), I, 298, 316.

Lockart (M. de), I, 324, 357.
L.... (M.) I, 338.
La Trimoille (la princesse de), I, 88, 97.
Longjumeau, I, 32.
L.... (le général), I, 88, 103.
Lapotherie (M. de), I, 88, 94, 103, 105.
Lamartine (M. de) I, 84.
Lemercier (M.), I, 88, 113, 114, 115.
Lévis (M. de), I, 94.
Lavallette (M. de), I, 101.
Lespescheux (mademoiselle), I, 102.
Lemot, I, 132.
Lusignan (madame de), I, 134, 153.
Labarre (M.), I, 159, 162; II, 64, 73.
Lefort (M.), I, 164, 229.
Laugier de Chartrouse (le baron de), I, 180, 187.
Labriche (la comtesse de), I, 338, 359.
Lacroix (M.), I, 336, 363.
Laroche (M.), I, 338, 363.
Lamy (M.), I, 338, 363.
Listz (M.); I, 363; II, 64, 72.
Limoges, I, 375 et suiv.
Laforce (le duc de), II, 1, 4, 8, 97, 104.
Levasseur (M.), II, 64, 69.
Larochefoucauld (M. de), II, 74.
Lascours (M. de), II, 152, 155.
Lascours (madame de), II, 152, 155.
Lascours (mademoiselle de) II, 152, 155.
Lourdes, II, 306 et suiv.

LAIGLE (MM. de), II, 318, 321 et suiv.
LOUIS XVIII, II, 385, 402.
LAROCHEJACQUELIN (madame de), III, 23, 33.
LEFRANC (M.), III, 98.
LYON, III, 103 et suiv.
LEROY (mademoiselle Augustine), III, 124, 130.
LAINÉ (M.), III, 133, 141.
L..... (la marquise de), III, 143, 145.
LA WOESTINE (M. de), III, 160 et suiv.
LEBRUN (madame), III, 213.

M.

MESNARD (M. de), I, 88, 94, 99; II, 40, 61.
MELBURN (lord), I, 42, 53.
MAILLÉ (M. de) I, 94.
MELLERAY (la), I, 130, 231.
MÉNARS, I, 134, 149, 150, 151.
MAIGNE (M.) I, 166.
MÉRÉVILLE, I, 197, 200.
MIGNON (madame), I, 197, 206.
MIGNON (M.), I, 266, 268.
MONTLÉVIC (la marquise de), I, 197, 217.
MÉRÉAUX (l'abbé), I, 210.
MOROGUES (M. de), I, 218, 266, 270, 273 et suiv.
MONTESQUIOU (le comte Anatole de), I, 224, 226.
MONNERON DE NANTES (M.), I, 231, 244.

Mac Leod (le colonel), I, 298, 317.
Mantes, I, 397, 408.
Montauban, II, 1 et suiv.
Marin (M. de), II, 22, 38.
Montgeroult (madame de), II, 22, 38.
Merlin (madame), II, 22, 38.
M.... (lady), II, 40, 54.
Méhul (M.), II, 64, 68.
Mazas (M.), II, 64, 71.
Monnier (M. Henri), II, 64, 76.
Mablet (M.), II, 76.
Montech, II, 94, 97.
Marescalchi (M. de) II, 140, 145.
Morgan (lady), II, 284, 290 et suiv.
Martens (la baronne de), III, 39.
Macnémara (madame de), III, 62, 67.
Malitourne (M.), III, 62, 68.
Montlaur (le comte Isidore de), III, 86, 90.
Maigre (M.), III, 133, 140.
Maillard (mademoiselle), III, 133, 141.
Moulins (la ville de), III, 160 et suiv.
Montlosier (M. de), III, 211.
Montmorency (M. de), III, 212 et suiv.
Montaulieu (madame de), III, 213 et suiv.

N..

Nourrit (M. Adolphe), I, 159, 162; II, 69.

NETLEY ABBEY, I, 298, 304.
NANTES, I, 385 et suiv.
NOAILLES (le château de), II, 3, 4.
NOAILLES (le marquis de), II, 22, 38.
NESSELRODE (la comtesse de), II, 40.
NARISCHKIN (le comte de), II, 40, 58.
NADERMANN (M.), II, 64, 72.
NOURRIT PÈRE (M.), II, 64, 69.
NORBLIN (M.), II, 71.
NEW-MARKET, II, 79.
NOAILLES (madame de), III, 143, 158
NEVERS (la ville de), III, 160 et suiv.
NOAILLES (le duc de), III, 212.
NECKER (madame), III, 228.

O.

OBRÉE (M. d'), I, 129, 385, 391.
ORLÉANS, I, 197, 266.
ONEILL (miss), I, 298, 311, 312.
ONSLOW (M.), II, 22, 38.

P.

PASTA (madame), I, 51, 161.
PICHOT (M.), I, 42, 46, III, 86, 92.
PAER (M.), I, 85, 159, 161, 163, 362.

PICHALD (M.) 88, 111.
PARSEVAL DE GRANDMAISON (M. de), I, 88, 112.
PLANARD (M. de), I, 88, 116.
POWELL (M.), I, 188.
PERRIER (M.), I, 231, 234.
POOL (le couvent de), I, 231.
PAGOT (M.), I, 266, 269, 280.
PAPE (M.), I, 282, 284.
PORTSMOUTH, I, 298.
PRUNET (M.), I, 303.
PIERRE BUFFIÈRE, II, 1, et suiv.
PREISSAC (le comte de), II, 1, 7.
PONCHARD (M.), II, 64, 69.
PELLEGRINI (M.), II, 64, 70.
PRADHER (M.), II, 64, 71.
PLANTADE (M.), II, 64, 69, 71.
POLLET (madame), II, 64, 73.
PÉRIGNON (le marquis de), II, 94, 97.
PÉRIGNON (la maréchale de), II, 94, 100.
PAU, II, 112 et suiv.
POIX (madame de), 117.
PINAC (M.), II, 152, 165 et suiv.
PAULTRE DE LAMOTHE (le général), III, 133, 138.

Q.

QUATREMÈRE DE QUINCY (M.), I, 356.

R.

R.... (la baronne de), II, 385, 390.
R..... (M. de), II, 385, 388, 390.
Récamier (madame), III, 23, 35 et suiv., 143, 149, I, 98.
Rozan (madame de), III, 23, 33.
Revoil (M.), III, 135, 138.
Roland (madame), I, 88.
Roland (M.), I, 88, 101.
Romagnési (M.), I, 159, 162.
Rhein (M.), I, 159, 162, 228, 338, 363, II, 64, 71.
Rouget (M.), I, 159, 165, 229.
Riccé (M. de), I, 197, 204.
Richer (M.), I, 231.
Roux (M.), I, 231. 233.
Rosanbo (le marquis de), I, 231, 234.
Raoul Rochette (M.), I, 338.
Raoul Rochette (madame), I, 338, 343.
Rémusat (M. Abel de), I, 338, 343.
Robespierre, I, 338, 346.
Rosny, I, 397 et suiv.
Reggio (la demoiselle de), II, 40, 59.
Rosanbo (la duchesse de), II, 40, 59.
Rigaut (madame), II, 64, 69.
Rubini (madame), II, 64, 69.
Rochecorbin, II, 128, 136.

S.

STAEL (madame de), I, 88, 97, 338, 356; III, 201.
SOUMET (M.) I, 88, 108, 109, 110, 224, 228.
SCRIBE (M.), I, 88, 117.
SOLOGNE, I, 134, 139.
SAUMERY (M. de), I, 134, 143, 144.
SAINT-LAURENT, I, 135.
SOURCE (château de la), I, 266, 270.
SOUTHAMPTON, I, 198, 303.
SYDDONS (madame), I, 298, 314.
STEEPHILL, I, 309.
SERRENT (le château de), I, 385.
SERRENT (M. de), I, 385.
SESMAISONS (M. Humbert de), I, 385, 389.
STANHOPE (lady), II, 40, 55, 57.
SARRETTE (M.), II, 64, 68.
SCHUNCKE (M.), II, 64, 72.
SCHNEITZHOFFER (M.), II, 71.
SÉGUR (madame de), II, 117.
SAINT-BRICE (la comtesse de), II, 140, 146.
SAINT-SAUVEUR, II, 177 et suiv.; 252 et suiv.
S....Y (madame), II, 204.
SAINT-D... (la comtesse de), II, 204, 235, 248.
SARA DE ... (mademoiselle), II, 385, 392.
SAULTY (M. de), III, 62, 68.
SAINT-CRICQ (madame Aglaé de), III, 86, 90.

Sauvan (M Balthazar), III, 86, 92.
Sismondi (M. de), III, 211.
Sabran (M. de), III, 211 et suiv.
Schlegel (M.), III, 215.

T.

Toulouse, I, 36.
Tastu (madame), I, 88, 117.
Talon (M.), I, 159, 162; II, 64, 71.
Talma, I, 174, 224; II, 140, 147, 148.
Trappe (la), I, 231, 236 et suiv., 393.
Thouin (M.), I, 338, 346, 348 et suiv.
Thénard (M.), I, 356.
T.... (M. de), II, 22, 28, 31, 32.
T.... (la marquise de), II, 22, 27.
Turpin de Crissé (M.), II, 38.
Tarbes, II, 152, 156, 157 et suiv.
Tourmalet (le), II, 185.
Tallien, II, 385, 399.
Talleyrand (le prince de), III, 92.
Tamnay (M. de), III, 160 et suiv.

V.

Vigny (M. Alfred de), I, 117.
Villemain (M.), I, 124, 125, 338, 358.

Varicourt (M. de), I, 197, 207, 208.
Vernetti (madame), I, 197, 216.
Vatry (madame Alphée de), II, 40, 53.
Vieil-Castel (M. de), II, 40, 58.
Vidal (M.), II, 64, 71.
Voght (M.), II, 64, 71.
Villeneuve (M.), II, 76.
Villeneuve (M. de), II, 128 et suiv.
Villeneuve (madame de), II, 128 et suiv.
V.... (M.), III, 23, 30.
Visconti (madame), III, 76.
Vernet, III, 86.
Verner (M.), III, 200, 202 et suiv.
Volkonski (le prince), III, 228.

W.

Wight (l'île de), I, 298, 303, 305.
Williams (M.), I, 180 et suiv.

Z.

Zimmermann (M.), II, 64, 71.

FIN DU TOME III ET DERNIER.

www.ingramcontent.com/pod-product-compliance
Lightning Source LLC
Chambersburg PA
CBHW050534170426
43201CB00011B/1425